由南京大学郑钢基金资助出版

折射集
prisma

照亮存在之遮蔽

Pourquoi tout n'a-t-il pas déjà disparu ?
Jean Baudrillard

当代激进思想家译丛
● 丛书主编 张一兵

为何一切尚未消失?

[法] 让·鲍德里亚 著
张晓明　Jean-François Petit de Chemellier（薛法蓝）译

南京大学出版社

激进思想天空中不屈的天堂鸟

——写在"当代激进思想家译丛"出版之际

张一兵

传说中的天堂鸟有很多版本。辞书上能查到的天堂鸟是鸟也是一种花。据统计,全世界共有40余种天堂鸟花,在巴布亚新几内亚就有30多种。天堂鸟花是一种生有尖尖的利剑的美丽的花。但我更喜欢的传说,还是作为极乐鸟的天堂鸟,天堂鸟在阿拉伯古代传说中是不死之鸟,相传每隔五六百年就会自焚成灰,由灰中获得重生。在自己的内心里,我们在南京大学出版社新近推出的"当代激进思想家译丛"所引介的一批西方激进思想家,正是这种在布尔乔亚世界大获全胜的复杂情势下,仍然坚守在反抗话语生生灭灭不断重生中的学术天堂鸟。

2007年,在我的邀请下,齐泽克第一次成功访问中国。应该说,这也是当代后马克思思潮中的重量级学者第一次在这块东方土地上登场。在南京大学访问的那些天里,除去他的四场学术报告,更多的时间就成了我们相互了解和沟通的过程。一天他突然很正经地对我说:"张教授,在欧洲的最重要的左翼学者中,你还应该关注阿甘本、巴迪欧和朗西埃,他们都是我很好的朋友。"说实话,那也是我第一次听到这些陌生的名字。虽然在2000年,我已经提出"后马克思思潮"这一概念,但还是局限于对国内来说已经比较热的鲍德里亚、德勒兹和后期德里达,当时,齐泽克也就是我最新指认的拉康式的后马克思批判理论的代表。正是由于齐泽克的推荐,促成了2007年南京大学出版社开始购买阿甘本、朗西埃和巴迪欧等人学术论著的版权,这也开辟了我们这一全新的"当代激进思想家译丛"。之所以没有使用"后马克思思潮"这一概念,而是转启"激进思想家"的学术指称,因之我后来开始关注的一些重要批判理论家并非与马克思的学说有过直接或间接的关联,甚至干脆就是否定马克思的,前者如法国的维里利奥、斯蒂格勒,后者如德国的斯洛特戴克等人。激进话语,可涵盖的内容和外延都更有弹性一些。这一新的研究领域已经开始成为国内西方左翼学术思潮研究新的构式前沿。为此,还真应该谢谢齐泽克。

那么,什么是今天的激进思潮呢?用阿甘本自己的指认,激进话语的本质是要做一个"同时代的人"。有趣的是,这个"同时代的人"与我们国内一些人刻意标举的"马克思是我们的同时代的人"的构境意向却正好相反。

"同时代就是不合时宜"(巴特语)。不合时宜,即绝不与当下的现实存在同流合污,这种同时代也就是与时代决裂。这表达了一切**激进话语**的本质。为此,阿甘本还专门援引尼采①在1874年出版的《不合时宜的沉思》一书。在这部作品中,尼采自指"这沉思本身就是不合时宜的",他在此书"第二沉思"的开头解释说,"因为它试图将这个时代引以为傲的东西,即这个时代的历史文化,理解为一种疾病、一种无能和一种缺陷,因为我相信,我们都被历史的热病消耗殆尽,我们至少应该意识到这一点"②。将一个时代当下引以为傲的东西视为一种病和缺陷,这需要何等有力的非凡透视感啊!依我之见,这可能也是当代所有激进思想的构序基因。顺着尼采的构境意向,阿甘本主张,一个真正激进的思想家必然会将自己置入一种与当下时代的"断裂和脱节之中"。正是通过这种与常识意识形态的断裂和时代错位,他们才会比其他人更能够感知**乡愁**和把握他们自己时代的本质。③ 我基本上同意阿甘本的观点。

阿甘本是我所指认的欧洲后马克思思潮中重要的一员大将。在我看来,阿甘本应该算得上近年来欧洲左翼知识

---

① 尼采(Friedrich Wilhelm Nietzsche,1844—1900):德国著名哲学家。代表作为《悲剧的诞生》(1872)、《查拉图斯特拉如是说》(1883—1885)、《论道德的谱系》(1887)、《偶像的黄昏》(1889)等。
② Friedrich Nietzsche, "On the Uses and Abuses of History to Life", in *Untimely Meditations*, trans. R. J. Hollingdale, Cambridge: Cambridge University Press, 1997, p. 60.
③ [意]阿甘本:《裸体》,黄晓武译,河南大学出版社2015年版,第7页。

群体中哲学功底比较深厚、观念独特的原创性思想家之一。与巴迪欧基于数学、齐泽克受到拉康哲学的影响不同，阿甘本曾直接受业于海德格尔，因此铸就了良好的哲学存在论构境功底，加之他后来对本雅明、尼采和福柯等思想大家的深入研读，所以他的激进思想往往是以极为深刻的原创性哲学方法论构序思考为基础的。并且，与朗西埃等人1968年之后简单粗暴的"去马克思化"（杰姆逊语）不同，阿甘本并没有简单地否定马克思，反倒力图将马克思的批判精神与当下的时代精神结合起来，以生成对当代资本主义社会存在更为深刻的批判性透视。他关于"9·11"事件之后的美国"紧急状态"（国土安全法）和收容所现象的一些有分量的政治断言，是令西方资本主义国家政要为之恐慌的天机泄露。这也是我最喜欢他的地方。

朗西埃曾经是阿尔都塞的得意门生。1965年，当身为法国巴黎高师哲学教授的阿尔都塞领着整个西方马克思主义科学思潮向着法国科学认识论和语言结构主义迈进的时候，那个著名的《资本论》研究小组中，朗西埃就是重要成员之一。这一点，也与巴迪欧入世时的学徒身份相近。他们和巴里巴尔、马舍雷等人一样，都是阿尔都塞的名著《读〈资本论〉》（*Lire le Capital*，1965）一书的共同撰写者。应该说，朗西埃和巴迪欧二人是阿尔都塞后来最有"出息"的学生。然而，他们的显赫成功倒并非因为他们承袭了老师的道统衣钵，反倒是由于他们在1968年"五月风暴"中的反戈一击式的叛逆。其中，朗西埃是在现实革命运动中通过接触劳动者，以完全相反的感性现实回归远离了阿尔都塞。

法国的斯蒂格勒、维里利奥和德国的斯洛特戴克三人都算不上是后马克思思潮的人物，他们天生与马克思主义不亲，甚至在一定的意义上还抱有敌意（比如斯洛特戴克作为当今德国思想界的右翼知识分子，就是反对马克思主义的）。可是，在他们留下的学术论著中，我们不难看到阿甘本所说的那种绝不与自己的时代同流合污的姿态，对于布尔乔亚世界来说，都是"不合时宜的"激进话语。斯蒂格勒继承了自己老师德里达的血统，在技术哲学的实证维度上增加了极强的批判性透视；维里利奥对光速远程在场性的思考几乎就是对现代科学意识形态的宣战；而斯洛特戴克最近的球体学和对资本内爆的论述，也直接成为当代资产阶级全球化的批判者。

应当说，在当下这个物欲横流、尊严倒地，良知与责任在冷酷的功利谋算中碾落成泥的历史时际，我们向国内学界推介的这些激进思想家是一群真正值得我们尊敬的、严肃而有公共良知的知识分子。在当前这个物质已经极度富足丰裕的资本主义现实里，身处资本主义体制之中的他们依然坚执地秉持知识分子的高尚使命，努力透视眼前繁华世界中理直气壮的形式平等背后所深藏的无处控诉的不公和血泪，依然理想化地高举着抗拒全球化资本统治逻辑的大旗，发自肺腑地激情呐喊，振奋人心。无法否认，相对于对手的庞大势力而言，他们显得实在弱小，然而正如传说中美丽的天堂鸟一般，时时处处，他们总是那么不屈不挠。人类社会发展的历史已经明证，内心的理想是这个世界上最无法征服也是力量最大的东西，这种不屈不挠的思考和抗争，常常就是燎原之前照亮人心的点点星火。因此，有他们和我们共在，就有人类更美好的解放希望在！

序

2012年10月,南京大学发起并组织了一场关于让·鲍德里亚思想的研讨会,会议聚集了来自中国和欧洲的多位学者,是一次令人难忘的经历。这次研讨会以令人愉快的方式赞赏了我们彼此间的好奇心,这种好奇心特别具有产出力,让很早便表现出的对于中国思想的兴趣已然证明了这一点。

最令他感兴趣的是庄子。他并非研究庄子的专家——专家的言论并不为他所看重——也没有专门以庄子作为其思想的来源,如果这样认为,那就太流于事物的浅表了。这位道家哲学的代表人物同荷尔德林(Hölderin)、兰波(Rimbaud)、尼采(Nietzsche)抑或阿尔托(Artaud)一样,阅读其著作对让而言具有关键意义,却并未因此成为他必然的参照。

让任由这种阅读慢慢地渗入自身,化作其思想的组成部分,如生命体新陈代谢般从中汲取养分,重新梳理自己的思想……却很少再提及昔日读过的内容（事实上他什么也没忘！）。然而这种阅读却帮助他思考，帮助他摆脱一切非本质的东西，并且颇具悖论意味地帮助他消除一切印迹。

这里涉及他从独特的角度加以思考的那个宏大的问题。对这一问题的思考占据了他生命中的部分时光，直至去世。《为何一切尚未消失？》(Pourquoi tout n'a-t-il pas déjà disparu?)，这一将本文集所收录的三篇文章联系起来的重要设问，被我们选定为文集的标题。

对我们而言，此行的与众不同之处，同时也是特别令人感动之处，是观察到中国学者以一种极度的细腻去面对这一独特的思想——既清晰明澈又迷雾重重，既明白易懂又晦涩难解，既凸显意义又消解意义。

我们在南京以圆桌会议的方式，围绕一些并不总是学术性的话题侃侃而谈时（为何我回想起这些时刻便总觉得意犹未尽？），已经默默认同了让·鲍德里亚思想的根本活力之一，可能也是最重要的活力，在于——尽管学者们围绕其理论的方方面面相继发表博学的见解——它所蕴含的秘密。

我们没有觉得中国的东道主们试图破解让的著作——过多的阐释也许会抵消其力量——或是将其同某种思潮抑或某种业已得到公认的影响联系起来，我们看到的，是他们如实地对待让的著作，尊重其形式和其间的一字一句，它们所蕴含的秘密也正在于此。

海德格尔有言，思考即感谢——中国的东道主们让我们有机会经历这样一段令人身心愉悦的时光，怎能不对他们道一声谢谢呢？

玛琳·鲍德里亚①

2016 年 8 月 20 日于巴黎

---

① 玛琳·鲍德里亚（Marine Baudrillard），让·鲍德里亚遗孀，曾作为特邀嘉宾参加 2012 年 10 月 13 日至 14 日在南京大学举办的"鲍德里亚研究"国际学术研讨会。（本书未标明"原注"的注释均为译注。）

目 录

狂欢节与食人族——世界对抗的游戏 …………… 001
恶会腹语 …………………………………………… 021
为何一切尚未消失？ ……………………………… 059

狂欢节与食人族——世界对抗的游戏

我们可以再度从马克思关于历史的那句名言——历史首先作为真实事件（événement authentique）发生，随后则如闹剧般重演——出发。我们可以据此将现代性设想为一场肇始于西欧的冒险和一出随后在全球范围内，在输入西方宗教的、科技的、经济的、政治的价值标准的所有地方不断重演的巨大闹剧。这种"狂欢化"（carnavalisation）经历了本身已经成为历史的基督教福音传播、殖民化、去殖民化和世界化阶段。我们较少注意到的是，与这种世界范围内的霸权地位和支配行为（其模式——不仅是科技和军事层面的，还有文化和意识形态层面的——似乎是难以抗拒的）相伴的，是一种奇特的返转（réversion）现象。在这种返转中，强权逐渐被其狂欢化的对象所削弱、吞食和"噬啮"（cannibalisé）。这种无声噬啮的原型，即其某种程度上的原始场景，或许是在16世纪的巴西累西腓①举行的

---

① 累西腓（Recife），位于大西洋沿岸的巴西第五大城市，从15世纪开始受葡萄牙人殖民。

那场盛大弥撒，当时从葡萄牙专程前来庆祝印第安人被动皈依基督教的主教们被印第安人所吞食，原因则是出于对基督福音的过度之爱（食人行为成了好客的一种极端形式）。作为这种伪善传教行为的早期受害者，印第安人本能地采取了极端和夸张的做法：他们要从肉体上吞并那些在精神上吞并自己的人。

伴随着我们的伦理价值观（人权、民主）、经济合理性（rationalité économique）原则、经济增长原则、绩效（performance）原则和景观①原则的输出，我们在世界范围内随处可见这一兼具狂欢和食人特征的形式产生的影响。无论何处，这些价值观和原则总是被所有与普世福音（bonne parole）脱节的、"落后"的并因此成为传教布道之地与被迫转向现代性之地的民族怀着或多或少的热情，却又完全含糊地加以复制。这些民族所遭受的远不只是剥削和压迫，他们被嘲笑，被用来表现白人的丑相，就像从前集贸市场里被装扮成将军模样给人看的猴子一样。

不过，他们像猴子般滑稽模仿的正是将他们视为猴子的白人。在某种意义上，他们将自己不断受到的嘲讽抛还

---

① 对"景观"（spectacle）这一概念的理解，可以参考法国著名社会批评家居伊·德波（Guy Debord）旨在评判战后资本主义社会消费主义的经典著作《景观社会》（*La Société du spectacle*，中译本见《景观社会》，张新木译，南京大学出版社，2017 年）。我们的时代已经进入一个靠传媒制造出来的审美幻觉支撑起来的景观社会——真实的世界已经退隐，拟像的世界成了一个超真实的世界。

给了令他们蒙受嘲讽之人,如哈哈镜一般成为对他们主人的一种现实的嘲讽,令白人陷入了自身滑稽镜像的陷阱。让·鲁什①的影片《疯狂的主人》(Maîtres-Fous)便是对此最好的演绎。在这部影片中,在城里上班的黑人工人晚上聚集在森林里,在一种通灵状态下,滑稽地模仿他们的西方主人——老板、将军、公交车司机,为之驱魔(exorciser)。这不是一种政治行为,而是一种献祭式的角色扮演(acting-out)——为这种统治打上其本身的烙印。

但是我们可以想一想,老板、警察、将军这些"纯种"白人难道不已经是带着假面的角色吗?他们难道不已经是他们自己的丑相——与他们的面具混为一体——了吗?因此,早在向全世界输出一切以前,白人或许便已经自我狂欢,并因此而自我噬啮。这是一种深陷于手段的滥用之中并且无所不用其极的文化在大肆炫耀——对自我的吞食,其最具当下性的形象(figure)便是大众消费(consommation de masse)和对一切可能之财富的消耗。这出闹剧中还包含了瓦尔特·本雅明(W. Benjamin)提到的另一个维度,即人类今天已经成功地将自身最糟糕的异化变成一种审美和景观层面的享受。

---

① 让·鲁什(Jean Rouch, 1917—2004),法国著名纪录片导演和人种学家,从20世纪40年代开始,在撒哈拉以南的非洲国家拍摄当地风光以及社会和人文情况的影片,数量超过140部。

经由这种大规模的群体秀（show collectif），西方不仅在其博物馆中，在其风尚和艺术中以其他一切文化的残骸装扮自己，也用自身文化的残骸妆点自身。艺术在这场冒险中充分发挥了作用——毕加索（Picasso）将"原始"艺术的精华化为己有，非洲艺术家今天则在国际化审美的范畴内复制毕加索的作品。

所有用白人世界的印记和各种外来技术装扮的民族，同时也是对这些印记和技术的现实拟仿（parodie）。这些民族之所以成为对它们的嘲讽，即在于这种嘲讽实在是微不足道，但我们已经看不到这一点。只有当普世价值观扩展到世界层面时，其欺骗性才会暴露出来。如果说现代性的源头事件历史上确实出现在西方，那么我们已经将其成果享受殆尽，而且对我们本身而言，现代性已经出现了一种致命的、闹剧式的转向。但是现代性的逻辑希望我们将其强加给整个世界，希望白人的命运（fatum）成为该隐族裔①的命运，希望一切都被纳入同质化进程和关于人种的骗局。

在黑人试图漂白自己的皮肤时，他们只不过是从一开始就受自身统治地位蒙蔽的白人所经历之黑人化

---

① 此处借用了法国19世纪著名诗人波德莱尔在《该隐与亚伯》（Caïn et Abel）一诗中的用语。根据《圣经》记述，该隐为人类祖先亚当和夏娃所生的两个儿子之一，因杀害弟弟亚伯而遭上帝惩罚。在波德莱尔笔下，该隐族裔世代受上帝惩罚，虽辛勤劳作却温饱无依，鲍德里亚以此喻指上文提到的"落后"民族。

（négrification）的畸形镜像。因此，现代多种族文明的整个外在形象不过是一个带有蒙蔽性的世界，其间所有的种族、性别、文化特性都有可能掺杂了虚假成分，甚至干脆就是对这些特性本身的拟仿。

因此可以说整个人类种群都在通过殖民化和去殖民化，在一种仿真（simulation）的、模仿暴力①的巨大机制中自我拟仿和自我毁灭。在这一机制中，无论本土文化还是西方文化都损耗殆尽。因为无论就何种意义而言，西方文化都没有取胜——它早已在其间失去了灵魂（艾蕾·贝吉②）。它不但自我狂欢，还在其间做出可笑之举——花费很大代价来组织对其他所有文化光鲜亮丽之外表（oripeau）的世界性展示。

如果我们借用博尔赫斯（Borges）那个寓意深刻的关于"镜中民族"的寓言③——被征服者被流放至镜子的另一边，被迫与征服者保持相像，被迫成为征服者的映像……不过，博尔赫斯接着说道，渐渐地，被征服者开始越来越不像征服者，终归有一天，他们会重新跨越到镜子

---

① 对"模仿暴力"（violence mimétique）这一概念的理解，可以参照法国人类学家和哲学家勒内·吉拉尔（René Girard）提出的"模仿欲望"（désir mimétique）理论。根据这一理论，吉拉尔将人类"欲望"的本质定义为"模仿"，并借以对心理学、人类学、社会学、文化研究等领域展开分析研究。
② 艾蕾·贝吉（Hélé Béji，1948— ），突尼斯女作家，曾任职于联合国教科文组织。
③ 鲍德里亚在此存在着记忆上的偏差。所谓"镜中民族"（Peuples des Miroirs）的寓言，从接下来的内容判断，应该是对博尔赫斯《想象的动物》一书中"镜中动物"一章的指涉，但原文仅就动物而言，并未使用"镜中民族"这一表述。

为何一切尚未消失？

的这一边，终结帝国的霸权统治……因此，如果我们对全球性对抗中真正发生的一切做一番审视，我们就会看到，被奴役的民族深陷于受奴役状态中，非但没有越来越区别于他们的主人并为了解放自我而采取报复行动，反倒是与他们的主人越来越相像，以滑稽的方式模仿着他们的典范形象，同时提升自己受奴役身份标记的筹码。这是另一种报复方式——一种致命的策略，我们无法判断这一策略是否算是一种成功，因为它对双方而言都极具危害。

整个白人文明（blancheur）打着狂欢的幌子掩埋着黑人文明（négritude）。整个黑人文明则像食人族一样吞并着白人文明。一边是被吞食，一边是狂欢化——似乎在一种巨大的失控下，整个人类都在这场假面舞会中步入了歧途。

这便是普世价值观的悖论。黑人社会的所有社会运动、权力和反权力的各种丑态、西方资产阶级——在保持其"历史"连贯性（cohérence «historique»）的同时，又差不多如新生事物般——的全部后遗症。总之，西方现代文化根本就不该走出其自身范畴，只有在这一范畴中，它才构成一种独特性。但它无法做到这一点，它无法摆脱暴力外扩（extrapolation violente）的趋势，因为其本身已经同时蕴含了对自身的否定和在普世范围内的肯定。这一大规模运动的影响正以普世价值加速解体的形式表现出来，而世界化正是这种解体即这场紧随历史之闹剧的舞台。

*
*　*

施瓦辛格①式的假面舞会可以为任何权力结构与政治运作本身提供阐释。我们可以将其当作民主的漫画像，即对权力的理性行使的一种滑稽模仿——它在揭穿民主真相的同时却给人以希望——来加以分析。但是，如果我们假设权力只能通过这种滑稽的仿真来维系，且权力在某种意义上是对社会的挑战而绝非对社会的代表，那么布什便是施瓦辛格的对等项。更确切地说，他们两人都完美地履行了各自的职责，他们是"恰当职位上的恰当人选"（the right men in the right place）。这并不是因为按照这种说法，一个国家或者一个民族会拥有与之相配的领导人，而是因为领导人是世界强权真实面貌的反映。美国当下的政治结构完全符合其在世界范围内的霸权：布什领导美国的方式与美国在世界其他地方行使其霸权的方式是一样的，因此，毫无理由去设想会有另外一种选择（我们甚至可以确信，世界强权的统治地位即人类相对于其他物种所具有之绝对特权的反映）。

---

① 阿诺德·施瓦辛格（Arnold Schwarzenegger, 1947— ），美国著名男演员。2003年因竞选美国加利福尼亚州州长获得成功而跨入政坛，2011年卸任。

这便是权力的全部悖论所在。必须永远抛却让想象力或智力掌权（imagination ou intelligence au pouvoir）的幻想，这种幻想带有极其明显的"68年五月"①色彩，但归根结底是一种启蒙思想（我们可以反省一下68年出现的各种天真的乌托邦想法，既有"让想象力夺权！"，也有"把你的愿望当作现实！""无约束地尽情享乐吧！"，所有这些都已经经由体制纯粹和简单的发展而"无约束地"变成现实，变成极其真切的现实）。

一切取决于我们对权力的看法。如果以智力掌权为前提，那么在权力执掌过程中反复出现甚至永久存在的愚蠢行为便难以解释（不过历史上少有的几个智力掌权的例子都表明，智力在绝大部分情况下会很快走上愚蠢之路）。这或许倒反过来证明了愚蠢在某些地方是权力的属性之一，是权力的一种职能性特长（privilège de fonction）。这种职能或许始于权力承受社会现象中受排斥的部分（la part maudite）——包括愚蠢在内——的古老职能，我们可以由此追溯到原始社会的"权力傀儡"（mannequins de pouvoir），这也解释了为何智力水平最低下和想象力最贫乏者掌权的时间最长。

这或许也可以说明为何民众整体上倾向于将他们的主

---

① 即法国"五月风暴"——1968年5月—6月爆发的一场学生罢课、工人罢工的群众运动。

权托付给他同胞中那些最不具侵犯性和最缺乏头脑之人。这是一种邪恶精灵①，促使着人们选举出某个比自己更笨的人——既是为了提防一种一旦自上而下加诸己身便会成为怀疑对象的责任，也是为了享受旁观掌权者蠢言笨行和腐化堕落之表演的隐秘狂喜（jubilation secrète）。与启蒙时代的民主幻想相反，只有在做出超人努力（effort surhumain）的情况下，人们才会下定决心选出最优秀者，也正是因为这一点，特别是在动乱时期，公民会集体偏向不要求他们深思熟虑的人。这是政治领域内的一种无声的密谋，与艺术在别的领域中的阴谋相类。如此变换一种完全不同的视角来看问题，布什便履行了所有的职责。一方面，本·拉登（Ben Laden）宣布他需要布什先生的愚蠢，因此他希望布什能够连任；另一方面，绝大部分美国人希望入主白宫的是一个可以以其愚蠢和平庸为他们自己的因循守旧提供保证之人。这个人越愚蠢，他们就越不会觉得自己是个白痴。

在这一"愚蠢"的和世代相传的职能中，权力是一种虚拟结构（configuration virtuelle），出于利己的目的吸收一切元素，促使其新陈代谢。它可以由无数智能粒子（particules intelligentes）组成，这并不会为其不透明的结构带来任何改变，就像更换细胞的躯体依然是原来的躯体一样。

---

① "邪恶精灵"（malin génie）这一概念由笛卡尔最早提出，其主要特征是心怀恶意，以欺骗为唯一目的。鲍德里亚在此借用了这个概念。

如此，很快美利坚民族的每一个分子都会像经由输血一样来自他处。美国将变成黑人的美国、印第安人的美国、西班牙人的美国、波多黎各人的美国，却并不会因此而不再成其为美国。它甚至还会因为不再是"原初意义上"的美国而在虚像上表现得更为美国，会因为不再具有根基（尽管其从未有过，因为就连国父们也是来自别处）而变得更强调根源所在，会因为种族和文化多样的事实而变得更看重血缘与文化的正统，也会因为被奴隶的后代所领导而变得更加帝国主义。现实就是如此。这是一个悖论，但它推翻了想象力掌权的主张。

应当被废止的是权力本身，这一点不仅应当表现为拒绝受他人统治——这是所有传统斗争的核心所在——还要在与之相同的程度上，经由同样激烈的方式，表现为拒绝统治他人。因为统治行为涉及两方面，若是对统治他人行为的拒绝与对受他人统治的拒绝在激烈程度和抗争力度上相同，那么人们从很早开始就不会再向往革命。我们由此而理解了智力现在不能、以后也永远不能掌权的原因：智力正是由这种双重拒绝所构成。"如果我能够设想世界上还有一些没有任何权力的人，那我就会明白一切都还有希望。"（卡内蒂①）

---

① 埃利亚斯·卡内蒂（Elias Canetti, 1905—1994），德国小说家、评论家、社会学家和剧作家，1981年诺贝尔文学奖得主。

*
* *

随着阿诺德·施瓦辛格当选加利福尼亚州州长，我们彻底身处假面舞会之中，政治于其间不过是偶像与粉丝的游戏。这是朝代表机制（système représentatif）的终结迈出了巨大的一步。而这便是当代政治的一种必然性，即无论在何处，以表演作为赌注之人最终会因为这种表演而毁灭。这一点既适用于"公民"，也适用于政治人物。这是媒体的内在公正性。你想借助影像获取权力吗？那你会因为影像回放（retour-image）而毁灭。图像的狂欢也是经由图像吞噬自我（auto-cannibalisation）。

话虽如此，却不可过快地从施瓦辛格的当选得出美国政治风尚败坏的结论。这场假面舞会的背后隐含着一种大规模的政治策略。这一策略毫无疑问没有经过深思熟虑（因为这需要极高的智力作为前提），却令人意想不到地否定了我们的批判分析（analyses critiques）和永恒的民主幻想。在选举施瓦辛格的同时（或者还可以举布什在 2000 年大选中违背民意当选①为例），在对所有代表机制的令人产生错觉的拟仿中，美国以自己的方式报复了它所受到的象征性藐视。它借此证明了自身的想象力，因为在民主的假面舞会这种铤而走险中，在比金融和军事领域更具虚无主义倾向的消解价值观和全面仿真的做法中，没有谁能望其项背，而且它还将长期保持很大程度上的领先。对价值观的嘲弄和玷污在经验与技术层面的极端形式、一个"有宗教信仰的"民族所表现出的这种彻底意淫和对自身信仰的全盘亵渎，这便是其世界霸权的秘诀所在。令所有人深感兴趣的正是这一点，而我们在对这种令人惊愕的粗鄙行为、这一最终被导向文化零度的（政治、电视）世界的拒斥与讽刺中领略到的也正是这一点。我这样说完全没有挖苦的意思，而是心怀赞叹——美国正是以这样的方式，即通过彻底的仿真来控制世界上的其他国家和地区，充当它们的范例，同时也报复了这些在象征意义上远比它优越的国家。美国发起的挑战是其强加给世界上其他国家的极端仿真和假面舞会，甚至是军事力量的极端拟像（simulacre）。这是权力的狂欢化。没有人能接受这一挑战——我们没有可以用以与之相对的终极性（finalité）或反终极性（contre-finalité）。

---

① 2000年，布什作为共和党候选人同民主党候选人戈尔竞选美国总统，结果竞选双方围绕佛罗里达州的计票程序产生了争议，并因此各自向自美国联邦最高法院以下的各级法院上诉。双方在经历了36天的司法诉讼鏖战后，最终由非民选的美国联邦最高法院判定佛罗里达州计票过程中民主党一方存在违宪行为。这一宣判结果使得戈尔虽赢得比小布什多的选票，却输掉了选举，无缘总统宝座。

在这个意义上，我们有必要反省这一权力的世界性假面舞会依次经历的阶段。首先是更为宽泛概念上的西方，以普世性的名义，用其政治和经济模式及其技术理性原则挟裹全世界。但这并非这一毒化和统治（domination）过程的关键所在。在经济和政治范畴之外，今天世界强权的确立是在仿真——对一切价值观和文化的可操作性仿真（simulation opérationnelle）——的支配（emprise）中完成的。这一确立所依靠的不再是技术、价值观和意识形态的输出，而是在全球范围内扩散对这些价值标准的拟仿（民主以滑稽和嘲讽的形式被普世化——"欠发达"国家以发达与经济增长的拟像为榜样，身处消亡处境中的民族以自身文化傀儡式的、迪士尼化①的重建为榜样——他们都深受一种普世模式的吸引，美国虽然得以提前享受这一模式带来的利益，但同时也是其头号受害者）。

*
* *

恐怖分子的最高代价是以生死做赌注。我们（西方）则坚决以一个人得以保留自己心目中某种价值的任何可能

---

① "迪士尼化"（disneyfication）意为用浅显或是简单化的方式对事物做出阐释。在文化研究和批评中，这一概念通常带有贬义。

为牺牲对象。我们的夸富宴①，所夸之富是粗鄙、无耻、下流、堕落和卑劣。这是我们文化的全部运动——我们在其间付出了更高的代价。我们所说的真相总是带有揭露、去崇高化（désublimation）、简化式分析的色彩——是关于被压抑的真相，是被公布、被供认、被剥除一切的真相——任何事物，如果没有被去除神圣色彩，没有被客观化，没有被剥离光环，没有经过公开展示，就无真实可言。我们的夸富宴，所夸之富是冷漠——不光是对价值观的无区别对待，也是对我们自己的冷漠。我们之所以无法拿自己的生死做赌注，是因为我们已经死了。我们将这种冷漠和这种卑劣作为一种挑战抛给他者：自甘堕落以示回应的挑战、否定自身价值观的挑战、和盘托出的挑战、自我忏悔的挑战、坦白一切的挑战——简言之，以一种与我们同样的虚无主义态度做出回应的挑战。

我们尽可能从他们那里强行夺走一切，阿布·格莱布监狱里的廉耻心②、学校里穆斯林女性所带的面纱③，但这

---

① "夸富宴"（potlatch）一词本义为"散尽"。作为一种社会行为，夸富宴一般指居住于英属哥伦比亚温哥华岛上、物质生活富足的夸克特印第安人用以追求社会地位的方式。在一次夸富宴上，主人请来四方宾客，故意在客人面前大量毁坏个人财产并且慷慨地馈赠礼物，其形式可以是大肆烹羊宰牛，也可以是大把地撒金撒银，目的归根到底只有一个，即让受邀而来的宾客蒙羞，从而证明主人雄厚的财富和高贵的地位。这对于部落里的贵族来说，不仅仅象征着权力和奢侈，也是用来确定部落内部等级秩序的一项义务。
② 影射美军虐待关押在伊拉克阿布·格莱布（Abou Ghraib）监狱中的伊拉克战俘事件，2004年4月美国CBS电视台首次公布了相关照片。
③ 法国政府于2004年通过法律禁止在公立学校内佩戴有宗教色彩的饰物，包括穆斯林面纱。

些尚不足以令我们对于自己的卑劣感到安慰，我们还需要他们对这一切的主动认同，需要他们将自己献祭于下流、透明（transparence）、淫秽（pornographie）和世界仿真的祭坛之上，需要他们失去象征性防卫，自发地走上属于自由主义范畴的、全面民主和内在表演（spectaculaire intégré）的道路。

世界对抗的关键问题即在于此：对所有差异间过度之互通有无（échange effréné）的煽动、在文化的贫瘠化（déculturation）方面与我们保持一致的挑战、价值观的堕落、对最现实之模式（modèles désenchantés）的信奉。

石油战略只是掩盖了更为严重的结构性破坏（déstructuration）。

世界强权是拟像的强权，是西方以自身的辱没和象征性自毁为代价，强加于他者的一种普世狂欢之下的强权。挑战与挑战相对。夸富宴与夸富宴亦相对？

以冷漠与受辱作为赌注是否等同于以死亡作为赌注呢？这种对抗有无终结之时？对抗双方中某一方的胜利会产生怎样的最终后果？

　　　　　＊
　　＊　＊

关于这一点，我完全赞同鲍里斯·格罗伊斯①提出的双重夸富宴（double potlatch）的假设②——以价值缺失（nullité）、自我堕落、羞耻与屈辱为炫耀对象的夸富宴同以死亡为炫耀对象的夸富宴相对。不过，这能算是对恐怖主义挑战的一种真正的象征性回应吗？不要谈战争或是"反抗恶的"斗争，谈这些等于承认毫无能力象征性地应对死亡的挑战。我们谈的是西方坚决牺牲其全部价值观，坚决牺牲一个人或一种文化得以保留自己心目中某种价值的任何可能。对基本尊严、廉耻心、荣誉感……的牺牲。③ 自我的虚无化（néantisation）、去魅、如同大规模威慑性武器般被抛到他者脸上的对自我的玷污（prostitution de soi）——以虚空（vide）为手段发起令人眩晕的诱惑，向他者（伊斯兰，但同时也包括世界上的其他国家）提出自我玷污（se prostituer）以示回应、自我揭示、吐露所有秘密以及

---

① 鲍里斯·格罗伊斯（Boris Groys, 1947— ），德国著名国际艺术评论家、媒体理论家和哲学家。

② 参见鲍里斯·格罗伊斯，"阿布·格莱布的身体"（Les corps d'Abou Ghraib），《埃尔纳文丛之解读鲍德里亚》（*Cahier de l'Herne Baudrillard*），第84期，2004年，第268页。——原注

③ "对基本尊严……的牺牲"原文为意大利语："Il sacrifizio della dignità fundamentale, dell'pudore, dell'honore…"

失去一切主权的挑战——因此也是最好的死亡性武器。

这算是对自我的焚毁（autodafé）吗？如果是的话，那我们可以基于相互挑战这一理由而视之为一种象征性的回应。夸富宴与夸富宴相对——一方制衡着另一方？我们可以认为一方是过度的夸富宴（以死亡为炫耀对象），另一方则是缺陷的夸富宴（以自我嘲讽和羞耻为炫耀对象）。在此情况下，两者并非完全相对，因此实际上是一种非对称的夸富宴。抑或……抑或应当认为（并因此在某种程度上认同鲍里斯·格罗伊斯的观点），归根结底，没有任何形式，包括以死亡为挑战的极端牺牲形式在内，可以被视为更具制胜力，因此，恐怖主义的挑战也并不比西方反过来的挑战更能制胜？不过，来自西方的挑战似乎无法——这也是夸富宴的规则所在——对等地以死亡来回应死亡，也无法提升筹码，以超越死亡的方式来做出回应——因为死亡之外还能有什么呢？但是我们可以设想，在终极层面上，在对抗达到顶点时，会出现一种更全面也更彻底的可逆性（réversibilité），这种可逆性会令哪怕是最终极的形式都无法摆脱交替往复、被另一种形式胜利取代的结局，就像在石头剪刀布的游戏中一样。哪怕是我们能够想到的最极端、最崇高的事物，都将被其他形式——甚至有可能是该事物的相反面或者歪曲面——所取代和超越。事实便是如此。这就是游戏。游戏永远不会结束。

话虽如此，设想一种毕竟表现为自我堕落和普世堕落的世界强权反而能够成为一种挑战的强权、一种对来自他者世界的挑战做出回应的强权，亦即一种根本意义上的象征性强权，这在我看来是一种令人痛苦的观念转变、一种对于我一直以来的看法的重判（这种想法的前景一直是"镜中民族"最终的反抗与胜利）。但是或许要决定接受这样的事实——即便是作为大规模诱惑武器的可逆性也并不是绝对制胜的武器，它会在我们从现在开始就能够隐约预见的作为终极远景的更为糟糕的情况中，直面某种不可逆之物。

（2004 年）

恶会腹语

——那么您将会做什么呢,假如您执掌一天统治世界的力量的话?

——我大概没有什么别的办法,只好废除现实!

——我倒是确实想知道,您怎么着手进行这件事!

穆齐尔①

有一种独特的重复形式,它表明每个人一生中永远只有一个观念(当我们幸运地拥有一个观念时),但是,对此观念的分析可以令其具有细微的差别,或者令其以螺旋或透视变形(anamorphose)的形式呈现与再现出来。

思维以碎片的形式不断影射唯一的观念——它从永远是多样和奇特的角度运用透视和幻象。因为展开思维的线

---

① 罗伯特·穆齐尔(Robert Musil, 1880—1942),奥地利作家。其未完成的小说《没有个性的人》(*L'Homme sans qualité*)通常被认为是最重要的现代主义小说之一。

索，直到我们对其视而不见，是一种真正的艺术。这与陈述结果和论据并局限于自身结论的理论言说相反。

与此同理，大部分的当下事件只是形象化的表现（figuration）。只有某些事件不像我们通常所看到的那样，依循因果顺序和历史进程发生，而是以一种透视变形的形式发生。在这种透视变形中，这些事件以更为诡异的方式连接在一起，意义和观念并不会真正地显现出来。它们在一定程度上互相变作对方，其中的某些——通常是最微不足道的——会随着与思维类似的这种关系而逐渐变得重要起来。

这大概就是分析的目的所在：接近事件与思维相似的中心（cœur analogique）。

我觉得对我们而言，当下的这一中心就是我们很容易从权力角度将其与统治混为一谈的霸权领域。

统治可以经由其对立面、力量关系和内在矛盾得到定义。它经由否定性（négativité）得到定义。主人的存在依赖于奴隶，正如奴隶的存在依赖于主人。霸权则不再需要对立项，它不再需要依赖相反面而存在。这就是为何霸权不像统治那样拥有定义（这也是为何"解放"这个概念对霸权来说没有意义，它只有在统治体制的范畴内才有意义）。

此外，我们不会像谈论"统治者"和"统治对象"那样去谈论"霸权者"或"霸权对象"。霸权的威力正基于此。而且，就这个意义而言，我们可以在霸权中看到权力的至高阶段——但是，这不再完全是一种政治权力，而是一种摆脱了任何合法性和代表性，甚至于摆脱了统治和权力本身的超级力量——一种至高无上的权力。

在霸权的范畴内，同样的科技关联（liens technologiques）、同样的一体化网络和流通网络、被全面普及的相同的交流与接口类型在世界各地构建。我们无法再为这一范畴设想任何与之对立或对抗的极点。而且，渐渐地，我们甚至会丧失对其有可能的对立面的想象，即进入当下的政治局势所强烈彰显的这种缺失活力的状态。因此，即便存在一些与这一全球性力量对抗的力量——我们不能质疑它们的存在（确实如此，可它们究竟在哪里呢？）——也不再是真正意义上的反对力量。它们不再处于一种有冲突、有矛盾的对立状态，而是变成了相悖的（paradoxales）、并列的、平行的、非对称的力量。

我们必须认识到，我们以前所认识的那种否定性，即作为历史和人类行动之动因（ressort）的否定性正在消失。我们也必须认识到，当下世界对抗的游戏方式已经完全不同于从前，它已经远离旧式的冲突和旧式的权力对比关系。我们从批判分析与启蒙运动的问题焦点所迈向的，并非有人想让我们信以为真的民主和解（réconciliation démocratique）与良好的世界秩序，而是一个更为激进的阶段——这个阶段没有任何战略可言，这一点令所有的智囊团队都很失望。

统治却还是有其战略的，那就是在冲突的过程中，根据对手自己打开的辩证性角度（perspective dialectique），将否定因素（négatif）纳入自身。霸权形式则认为其对手不值一提，是远离中心的残余力量，因此只是一味倾向于消灭他们。不再是采取压迫或异化的方式，而是将一切不愿融入这一交流和全面效能（performance intégrale）范围的对象全部清除出去的方式。一种将少数违背律令之人驱逐（forclusion）出去的方式——一如声称**恶**不存在的神学主张那样。

从这个角度看，恶不再是**善**的反面或者敌手（如果是的话，那么为了得到最终的救赎，只须令恶如镜像般反转运行即可）——不是这样！恶根本不存在了，它仅仅是幻觉与空想。

在世界性全能力量（toute-puissance mondiale）切实地或者潜在地掌控一切的情况下，**善**不再需要**恶**而存在。肯定性（positivité）根本不再考虑否定性，不管其作为邪恶力量还是作为辩证关系的对立面。

于是，在被京特·安德斯①称作统治的过时（obsolescence）的进程中，所有被调整的对立关系（oppositions réglées）、批判性思维和大名鼎鼎的"否定作用"②都被工具化，以服务于体制，而我们则迫切希望寻求一个对抗极（pôle antagonique），或者任何能够挫败这一局面与拆解整体的东西。

这就是历史不可抗拒的进程吗？我们可以这么认为。

如果是这样的话，那么一切已成定局，贯穿当今时代的所有暴力事件、反抗事件、虚无事件（[événements fantômes]从"9·11"事件到全民公投否决欧盟宪法③或是2005年法国巴黎郊区骚乱④）不过是陈旧、残余的例

---

① 京特·安德斯（Günther Anders, 1902—1992），德国著名哲学家，著有《过时的人》（*L'Obsolescence de l'homme*）。与别的学院派哲学家不同，安德斯将哲学视角转入对社会现象的思考和批判。其主要思辨领域是"否定的人类学""批判技术哲学"和"媒体批判哲学"，表述方式则是从20世纪人类生活中的主要技术现象出发来进行反思，如"电视""航天""化妆品""核武器""计算机"等。哲学界也因此视其为现代批判技术哲学和媒体批判哲学的奠基人。《过时的人》就是他的这些思想的集中体现。

② 否定作用（travail du négatif），此概念最早由黑格尔提出，用以解释一种事物对另一种事物的超越和替代。黑格尔说，花朵开放时花蕾便消逝，人们会说花蕾是被花朵否定掉了；结果的时候，人们又认为果实是作为植物的真实形式出现而代替了花朵。这些形式彼此不相同，互相排斥，但是，它们的流动性使它们成为有机统一体的环节，构成整体的生命。在黑格尔看来，这种矛盾便是历史前进发展的动力。就此而言，这和马克思所说的辩证法是一致的。

③ 2005年5月29日，法国民众以全民公投的方式对"你是否赞成批准订立《欧盟宪法》条约的法案"这一问题进行表决。

④ 2005年10月27日，巴黎东北郊克利希苏布瓦镇的两名北非裔移民少年因躲避警察盘查而意外触电身亡，引起当地移民的强烈不满。当晚，数百人走上街头，焚烧垃圾桶、汽车，并试图冲击镇议会厅。当地警察前去干预后，移民的暴力行动反增无减，进而导致巴黎郊区从10月27日到11月17日长达20天的社会骚乱，并在短时间内蔓延至全国。

外，它们是民粹主义犯罪（délinquance populiste）或者对专家治国式救赎行为（rédemption technocratique）盲目无视的狂热心理的表现形式。对其他人而言，即对那些失去所有幻想的人而言，一切亦已成定局：这是最终的选择，我们无力改变这一点。我们成了它的人质——所有人都既是受害者又是共谋者——陷入同一种全球性的网络垄断。而且，这种垄断——霸权的终极计谋正在于此——不为任何人所掌握，因为不再有人对这一切负责，无论是个人还是国家抑或高层权力机构，也不管情况是好还是坏。

既然善已经摆脱了所有对手，那么它便会迅速扩张，其唯一的目标是世界的饱和和它在"网上"（on line）的延伸。

然而，在这最美好的世界中，并非一切都是最佳的，因为随着这种效能（performance）越来越具有世界性，它也变得越来越难以理解。我们必然会就此而怀疑这种难以理解是否恰恰表明了一种反霸权力量、一种即便不比霸权力量更强至少也与之相当的对抗力量的出现。

我们还需要探索霸权得以实现的各种途径，特别是消灭否定因素的各种过程——同时，不要对形成于统治时代的批判价值观抱有幻想；我们也要探索实现真正的反霸权的途径，它们有可能也是这种力量没落的途径。

＊
＊　＊

基本过程应该就是一切事物都在脱离自身物质性这一狂热欲念的驱使下，追求自身的抽象化。这里有一种与世界的逐渐决裂，在这种决裂的最终阶段，**他者**会消失，我们只能——津津有味却又心存恐惧和厌恶地——依靠自身而得以延续，整个历史进程于是归结为一种自指性的螺旋（spirale auto-référentielle）。

资本是现实原则最纯粹的表达。它本身已经成为现实。它生产出现实，它变成了现实，但也在自身消失时令现实一道消失。它成为现实的过程与它吞噬现实的过程是同一过程。

在其高级形态中，资本追求程度越来越高的抽象化，并因此力求摆脱或许尚属于现实的这一旨在使交流减速的机制。它牺牲了这一机制，也因此牺牲了自己。

我们由此而得以超越资本，它一直很彻底地扮演其统治与异化的历史角色，但由于无法走得更远，所以必须让位于一个更极端的抽象化体系——一种数字的、电子的、虚拟的抽象化，让我们得以完全逃避之前提到的物质性——在这一抽象化的最后，世界与人类都彻底消失了。

所有的个人维度、所有的创世过程（démiurgie）都为了一种操作性机械设置（mécanique opérationnelle）而被废除。人类处于免除一切责任的状态：在今天，即便是权力也让人感到羞愧，不再有人愿意真正担负权力。

人类或许是唯一创造了与自然法则无关的独特消失方式甚或消失艺术的物种。

但是说到底我们或许也曾对这种不负责任、这种对于自由和意志的全盘舍弃有过渴望——"我们曾经有梦，IBM 让我们梦想成真！"① 在探索奴役状态最细微的差异方面，没有什么物种比人更狡猾和更具创造性。整个电子的、控制论的革命或许只是人类为了逃避自身，同时逃避其自此在世界化背景中时时刻刻要面对的巨大责任，而找寻到的一种动物性伎俩。性爱过程（processus sexuel）的倒退、死亡过程的倒退、所有独特性和所有命中注定之过程（processus fatal）的倒退，以利于最终的解决方法，即生与死的技术性人造对等物。

不管怎样，在超出这一消失点（vanishing point）后，一切都失去了否定性力量，但一切继续以隐秘的方式存在并在暗中产生影响，同我们关于古代神祇的说法一样。一切都在永久延续，并点点滴滴地渗入我们的生活，这种点点滴滴通常比曾经统治我们的显性的权力机构更具危害性。

---

① 美国 IBM（International Business Machines Corporation，国际商业机器公司）曾使用过的广告口号。

禁忌、控制、不平等、差异逐一消失，其目的却是为了进一步渗入我们的精神领域……

比如主体的消失，它有点儿像是**真实**的消失的镜像。的确，**主体**消失了——作为意志、自由、表征（représentation）之决策体（instance）的主体和权力、知识、历史的主体已经消失，取而代之的是一种模糊、漂浮而无实体的主体性——一种巨大的反射平面，反射空泛的、脱离现实的意识——所有事物都闪耀着一种无客体的主体性——每一个单子、每一个分子都被一种彻底自恋、一种永恒的影像回放的陷阱所捕获。这便是世界终结之时主体性的形象，真正的主体已从中消失——主体成为这一致命性冒险的受害者，在某种意义上，它不再有任何对立面，既无客体，也无真实抑或**他者**。

*
* *

积累、增长、生产和繁殖的冲动——实际上，这一切都是无产阶级本该具有的前设（assomption）。从字面义上看，无产者的确是"多育"体，其唯一的存在理由就是增殖（prolès）。因此我们可以说，整个人类在生产的情况下，经过无限增殖而无产阶级化（这里所说的生产也包括人口的生产，因为物种的繁殖在某种意义上服从于增长的无限制工业原则。整个人类由此而集体担负原本只属于穷人的命运。以前的社会则不是这样，它们通过自发的调节机制来缓解过量与生产过剩——包括人口过剩——的危险）。

我们违反了这种"平衡"，却无法真正确定这种全面失控的源头和缘故。况且到底有没有全面失控呢？难道不是一种纯粹的混乱过程、一种偶然的逻辑（logique accidentelle）吗？不管怎样，一旦达到扩散的临界点，一切就会形成聚合体（masse）：个体、符号、机器，语言自身都会形成聚合体，一切都会呈指数增长，这一过程在超出临界点后便是不可逆的。事实上，如果说根据马克思的观点，具有"历史属性"的无产阶级本来注定要废除自己作为一种阶级的存在，那么这种大规模扩散却完全不是注定要结束的。只有积累突然被毁和全球性崩溃的效应才能令其终结。

真正的基要主义（fondamentalisme），作为唯一真正的恐怖之来源的基要主义，是那种以流畅和移动的技术统治（即以流和网络为手段的技术统治）、以精神流散（diaspora mentale）和无法挽回之散布（dissémination sans appel）为特征的基要主义——一种没有基础的基要主义。

所有其他的反应式暴力（violence réactionnelle）形式、形形色色的原教旨主义（intégrisme）、极权主义、宗教的和民族的狂热，在恐怖主义中达到顶点的所有这些可见的和耸人听闻的暴力，其杀伤力并不如无法避免的"世界进程"（world processing）那虽不可见却无孔不入的暴力强。

同样，原子威胁（menace atomique）只不过是对社会政治结构原子化（atomisation）的暗喻，只不过是以数字方式将所有事物分解为一种巨大程序的暗喻。在此分解过程中，被辐射和挥发的不仅是人的躯体，还有其精神结构。

关于这个被一种具有意志力和行动力的程序取代的去极化主体（sujet dépolarisé）所拥有的挥发性结构（structure volatile），关于这个随着无客体欲望（désir sans objet）的扩张而被流横穿的无器官躯体（corps sans organes），没有别的阐释比穆齐尔在《没有个性的人》中所做的阐释更好。

*
* *

穆齐尔写道：

"今天则相反，责任的重心不在人，而在事物的关系之中。我们难道没有注意到，体验已经摆脱人了吗？它们已经走上舞台，走进书本，进入实验室和科学成果，进入宗教团体，等等。

"一个没有人的个性世界（monde de

qualités)、一个没有体验者的体验世界已经建立。最终，我们差不多会认为，在理想状况下，人不会再有任何私人经历，来自个人责任的美妙负担将会消解于可能之意义的玄奥之中。那种在很长时间里一直将人类当作宇宙中心，但自几个世纪以来已经逐渐消失的神人同性的观念，其分崩瓦解很有可能终于波及'我'之本身：大部分人开始觉得，认为在一种经历中最重要的是自身对这种经历的体验，在一种行为中最重要的是作为行为的主体，这是一种幼稚的表现。

"大概会有一些人仍然想象着拥有一种个人的生活和一种自我的意愿。但是这类人已经成为他人眼中的荒谬之人，虽然我们并不很清楚这是什么原因。面对这些想法，乌尔里希（Ulrich）突然被迫笑着承认，不管怎么说，他都是一个有个性的人，就是我们称之为'有个性的'那种人，即便他并无任何个性可言。"①

我想引用另一文本来与上文做一比较，它有着完全不同的灵感来源，也属于一种讽喻（parabole）。它是对这个充满了冷漠和加速的霸权世界，这个超越了一切特质和一

---

① 菲利普·雅克泰（Philippe Jaccotet）译。——原注

切价值判断的世界的深刻描摹。

唐·德里罗①在《大都会》中写道：

"……断言数字和图表是对混乱无序且被简化为金融市场上空闪亮数字单位的人类能量的冷冰冰的压缩，这是一种肤浅的思考。事实上，数据本身是激情四射和光彩夺目的，是生命进程中另外生机勃勃的一面。这是在世界的0/1状态中，以现在的电子形式充分实现的字母和数字系统的表现力，也是决定地球亿万居民最轻微之呼吸的数字需求。生物圈的冲劲即在于此……"

"……希腊人有一个专门的词来表达这个意思，'chrismatistikós'，即赚钱的艺术。"她说道，"但是必须给这个词一些使用上的灵活度，让它适应当下的形势，因为金钱已经发生转变。所有财富都成了独自存在的财富。金钱失去了叙事性，一如绘画也早已失去叙事性。金钱只是自说自话。"

---

① 唐·德里罗（Don DeLillo, 1936— ），被视为美国当代最优秀的小说家之一，且总是被冠以"后现代派小说家"头衔，是一位既拥有广大读者，又在学术界享有崇高声誉的美国小说家。小说《大都会》（*Cosmopolis*）发表于2003年，对当代美国社会进行了尖刻而有趣的观察和思考，展示了异化与妄想狂、艺术与商业、现实与想象、性与死亡、全球市场与恐怖主义，仿佛一个后现代话语的万花筒。

"速度令我们难以跟上眼前发生的事物,这不重要。重要的是速度。信息不断更新,一组信息刚刚出现,就会在另一组信息到来前失效,这不重要。重要的是这种冲劲,是未来。我们与其说是在目睹一种信息流,毋宁说是在目睹一场有关被神圣化了的、照例难以读懂的信息的纯粹表演。安装在办公室里、家中或车内的屏幕成了一种偶像崇拜,人们会聚集在一种惊愕之中……难道这永远不会停止吗?当然不会。干吗要停止呢?"真是荒诞。

"这些反抗者,这些示威者,他们不是资本主义的掘墓人,他们是自由市场本身。这些人是市场创造出来的幻象。他们不存在于市场之外。无论去任何地方,他们都无法置身市场之外——没有市场之外可言。"

"市场文化是全面而彻底的,它制造了这些男男女女。这些人为他们所鄙视的体制所不可或缺。他们为其带来能量和定义。他们在世界市场上成为交易的商品。这就是他们存在的目的——为了令这种体制充满活力和永久延续。"①

*
* *

情况便是如此，体制在此侵占了模拟、戏仿、讽刺和自嘲的所有机制，亦即侵占了所有否定因素和批判思维，仅仅为这一思维留下真理的幽灵。

然而，一切也许尚未成定局。因为规则已经改变（或许已经根本没有规则了？），新的情况是这样的：因为否认**恶**（所有激进、异质、不可调和的他异性形式）的存在，因为将否定因素视为一种史前遗存，所以**善**在一定程度上令恶恢复了自由。因为想成为**绝对之善**（Bien Absolu），所以**善**免除了**恶**的一切从属性，令其恢复自主力。这个力量不再只是否定性力量，也是改变游戏规则的力量。某种东西从曾经断言恶有其独特性的善恶二元论异端思想（hérésie manichéenne）中突然显现。我们感觉到某种类似的东西也活动于这一完整之真实（réalité intégrale）的深处。随着挑战统治权力的旧的反抗形式被体制本身所吞噬，从体制的所有缝隙中涌现出一种新的反终极性（contre-finalité），一种对**善**的至高权力的挑战，这种挑战在渗透和

---

① 玛丽安娜·韦龙（Marianne Véron）译。——原注

瓦解这一现实方面比否定作用此前的作为更加彻底。

当否定性力量消失时，当禁忌、控制、不平等、差异逐一消失时，为了更好地渗入人们的精神领域，被驱逐的恶便开始腹语。

我们都记得20世纪70年代法国巴黎银行（BNP）的广告："我对您的钱有兴趣！"这则广告比任何批评分析都更好地总结了资本的丑恶。这种丑恶早已被人揭露，但是，引发大家关注和带有丑闻效应的，是这句话由银行家自己说出，或者说真相由恶亲口说出。真相来自享受全面豁免权同时公开承认其"罪行"的统治权力本身。

最近一次做这类公开表态的是法国电视一台（TF1）的董事长帕特里克·勒雷（Patrick Le Lay）。

"我们要现实一点，法国电视一台的工作就是帮可口可乐公司销售它的产品……为了让一条广告信息被接受，我们要让电视观众的大脑拥有接受的空间。我们节目的使命就是要赋予大脑这一接受空间，就是说要给它娱乐，让它放松，以便在两个广告时段之间让它准备就绪。我们卖给可口可乐公司的是人脑处于有效状态的时间……没有什么比获得这种有效状态更困难。"

必须向其致敬，为的是这一令人惊讶的原则性宣言中所包含的极具专业水平的寡廉鲜耻（还有很多其他案例与此相同，比如法国邮政的口号："钱没有性别，但这不该妨碍其繁殖。")。

但是问题并不在此。就勒雷这个例子而言，最令人吃惊的是他这番言辞的傲慢无礼，就连谴责这番言辞的人也不免受其蛊惑。这种不道德的放肆行径岂不是暗示了一种比批判性质疑那永远官腔官调式的自由更大的话语自由？

问题恰恰在于此——真相被一番直接越过各种批评、对它们视而不见的"傲慢"话语所盗走。真正的丑闻与其说在于专家治国的恬不知耻，毋宁说在于我们社会政治游戏的一项规则被打破。这项规则就是有人负责贪污，有人负责抗议。如果贪污者不遵守这一协定，如果他们公开摊牌，根本不让我们有幸领略他们的虚伪，那么，我们就失去了检举揭发的仪式性机制（mécanisme rituel）——资本的真相被资本家自己揭露了。

勒雷偷走了我们剩下的唯一权力——他偷走了我们的揭发权！丑闻正在于此。否则的话，揭露一个尽人皆知的秘密怎么会引起这么大的反响？勒雷并不是站在**善**的立场上来揭露**恶**——这是永恒的道德立场，他是站在**恶**的立场上来昭示**恶**。因此，所有超越以往程度的行为——傲慢

(让-玛丽·勒庞①)、恬不知耻（勒雷）、色情（阿布·格莱布监狱虐囚图片）、谎语癖（玛丽-莱奥尼·勒布朗的荒诞故事②）——正是通过这种超越暴露出体制的真相，它们比传统批评有效得多！

真相之所以让人理解并给人留下深刻印象，是因为它恰恰来自**恶**的范畴。我们总是以为真相来自**启蒙**和**理性**——从历史来看，这或许是对的，但是今天，真相，作为意料之外的事件，是从**恶**的范畴中显露的，它也正是从来自我们意想不到之处这一点获得了全部力量。

善的所有话语都被双重性（ambivalence）所破坏。这一点在同愚蠢（bêtise）的关系中特别明显，是**恶**的腹语言说力（ventriloquacité）最阴暗但同时也最直接和最集中的表达。菲利普·穆雷③曾十分精彩地将这种糊涂的热情（béatification）、这种现实世界中荒唐可笑的维护和平的行

---

① 让-玛丽·勒庞（Jean-Marie Le Pen, 1928— ），法国政治家，极右翼党派国民阵线（Le Front national）前领导人，其最著名的口号是"法国人优先"。20世纪80年代初，勒庞领导下的国民阵线利用国内经济不景气及失业等问题在群众中引起的不满情绪，极力鼓吹民族沙文主义、排外主义和种族主义，强烈反对移民尤其是非洲移民进入法国，以保持"民族纯洁性"；反对欧洲联盟和自由贸易，提倡关税壁垒，以保护国内经济发展和民众就业；反对堕胎；反对同性恋；等等。

② 2004年7月9日，一位名叫玛丽-莱奥尼·勒布朗（Marie-Léonie Leblanc）的23岁年轻法国女子报警，声称自己当日早间乘坐城际快铁时，受到了针对犹太人的人身攻击。法国内政部长和总统随后公开对这种反犹行为予以强烈谴责。这一事件随即迅速成为媒体热炒和民众热议的话题。然而，令人万万没有想到的是，这起并无任何目击者的所谓针对犹太人的攻击事件，实际上根本未曾发生，所有经过均系患有谎语癖的当事人捏造而成。玛丽-莱奥尼·勒布朗随后向公众道歉，并因这一谎言行为被判处四个月的监禁，缓期执行，同时接受强制性治疗。

③ 菲利普·穆雷（Philippe Muray, 1945—2006），法国随笔作家和小说家。

动，以及整个现代性在狂欢氛围中遭到的疯狂吞噬，描写成一种连续不断的让步。然而，恰恰在此，在**闹剧**领域的这种延伸中，会腹语的**恶**从各个方向开辟出一条道路，建立了愚蠢的霸权（hégémonie de la bêtise）——其等同于霸权本身。

被驱逐的否定因素为了以腹语模式隐约显现而借用了各种方式，愚蠢是其中最平常而又最神秘的一种。确切地说，在缺乏高端决策机制（instance supérieure）的情况下，愚蠢成为能量和被隐藏之真理的无尽源泉，因为它源于愚蠢本身的无限性。因此，必须——穆雷清楚地看到了这一点——从中汲取一切与生俱来的能量，让这种能量在一派自命不凡中展现自身——让**恶**"用肚子"讲话。

这场假面舞会，这种位于**善之帝国**（Empire du Bien）背后的**恶**之平凡，应该让其尽力展开对自身的讽刺。这就是**恶**的聪明之处。而且，在自此缺乏一种否定性的积极力量的情况下，除了针对周围的愚蠢行为采取暴力宣泄（abréaction violente）外，我们还能从哪里获取能量呢？

一旦**善**开始统治并且声称自己彰显真理，**恶**就开始渗透其间了。

我们以全民公投否决欧盟宪法为例！[①] 很显然，否决票

[①] 2005年5月29日，法国国民以全民公投的方式，对"是否赞成旨在批准《建立欧洲宪法条约》的法案"这一问题做出了回答。(编注) ——原注

是由愚蠢投出的，从统计结果来看，投否决票的都是最愚笨（落后、迟钝）的人，但是这种愚蠢恰恰是**恶**的聪明之处。对公投说"不"的是**会腹语的恶**。这不是**否定精神**——否定精神同投赞成票者一样赞同**政治理性**——而是一种无逻辑的否决，它抗拒**政治理性**，包含了不接受合并、不受任何模式——哪怕是一种理想模式（尤其是如果是一种理想模式！）——束缚、不服从辩证策略的要求：你们的否决是对欧洲现状的否决，却是对欧洲理应呈现的面貌的赞成！

自由主义的赞成（Oui libéral）与欧洲"社会"层面上的否决（Non «social»）毫无差别。因此，这个仅仅针对某种状态下的欧洲的否决并不是一种真正的否决——只有这种奇怪的、非政治性的、非辩证的、难以捉摸的否决引起了反响，因为它同人人都理解的利益背道而驰，这种否决并非赞成的相反面（它是那些能够不需要相反面便存在的事物做出的否决），而是更接近于一种沉默的否认，正是这种否认让巴特尔比①说道："I would prefer not to！"我宁愿不这么做！我不参与这种游戏（却并不会给出任何理由）。

必须能够与一切向你施**善**的事物斗争。

以**恶**的视差（parallaxe du Mal）来反对**善**的轴心（Axe

---

① 巴特尔比（Bartleby）是 19 世纪美国作家赫尔曼·梅尔维尔（Herman Melville）创作的短篇小说《抄写员巴特尔比》(*Bartleby, the Scrivener: A Story of Wall-Street*) 中的主人公。（编注）——原注

du Bien）。

吉尔摩（《刽子手之歌》）与其拒绝被赦免①。

巴特尔比与其执拗的否认。

对**神圣欧洲**（Europe Divine）投否决票的人。

把自己学校烧掉的移民。

所有这一切都同向他们施善的事物斗争。

在《刽子手之歌》中，吉尔摩就是这么做的——这一点令这个普通的死囚犯故事读起来可笑而荒诞。他要做斗争，他被迫与自己最好的辩护人斗争（他们以生存权的绝对原则为名义，拒绝他被处决，但是，这一生存权本质上是不惜一切代价生存的道德义务，是生存的绝对必要性，这就是为何中世纪的时候人们会把自杀者处以绞死，不管他们是死了还是活着）。吉尔摩强烈反抗的就是这一最后通牒——不是因为他赞成死刑，并不是那样，他其实是反对生存的指令，反对这种制度化的"人权"。他用另外一种人权来反对它，一种绝对人权——死亡权。因此，他超越了自身的罪行，也超越了一切惩罚观念，他将自己这一个案变成了与善的力量所做的形而上的决斗。那些（在违背其意愿的情况下）想救他的人最终因为他要求死亡而憎恶他。他们差一点就因为他拒绝活下去而判处他死刑。

---

① 1977年1月17日，在美国犹他州州立监狱中，行刑队处决了两起谋杀案的罪犯加里·吉尔摩（Gary Gilmore）。吉尔摩曾拒绝上诉，并请求法庭以最高量刑判处其死刑。（编注）——原注《刽子手之歌》[Le Chant du bourreau] 系美国著名作家诺曼·梅勒 [Norman Mailer] 根据这一真实事件创作的长篇纪实小说。）

这是整个道德价值体系的一种相当有意思的矛盾——说到底，判一个人死和"根据原则"判一个人生，两者是同样的合法暴力。无论如何，这种暴力都应当被拒绝，即便或者说尤其是在它向我们施善之时。

吉尔摩一点都不觉得他"值得"死，他也不觉得为了赎罪就要偿命。在被判处死刑后，他仅仅要求当局像他一样接受这一判决。由此，他揭示出任何判决都是一把双刃剑，可以被用来还击仗剑之人。这是一场挑战，挑战的代价是他自己的死亡，问题的关键却是让整个社会无地自容，这个社会在傲慢之下赋予自己违背吉尔摩自身意愿（以自己的死亡作为挑战的武器，与自杀毫无关系，这也是恐怖分子的策略）而赦免他的权利。如果他在这场对决中获胜，那么他固然失去了生命，却获得了自身的光辉形象——这与他所鄙视的忏悔和宽恕之路大相径庭。

这有点像在影片《布拉格的大学生》[①] 中，大学生的镜像被人从镜子中偷走，当他向镜子开枪时，他死了，但是，在死的时候，他又重新出现在镜子的碎片里。

就像那名处于昏迷中的女病人，其生命被一直强制延续——禁止拔掉她的氧气吸管。吉尔摩则希望人们拔掉他的氧气管。

这里涉及的始终还是赠礼（don）的问题。我们拒绝赠

---

① 《布拉格的大学生》（*L'Étudiant de Praque*），丹麦导演斯特伦·赖伊（Stellan Rye）拍摄的早期德国表现主义电影，上映于1913年。

礼，因为它是单方面的施与行为——等于是一种侮辱和一种象征性剥夺。从绝对生存权的捍卫者们表现出的狂怒中便可看出这一点，这种狂热同欧盟宪法公投中持赞同意见者反对持否决意见者时表现出的狂怒如出一辙。这是想对你施善之人面对对此加以拒斥之人时迸发出的不合时宜的超常怒火。这是上帝（**神圣欧洲**）信众的怒火，是那些自赋普世权利并因此拥有消灭背教者权利之人的怒火。对这种处处行征服之举的**善**（Bien conquérant）和这种霸权式**理性**感到失望的人表现出的仇恨比遭受剥夺和剥削、被夺取生存物质条件的人表现出的仇恨更加强烈。后者唯一的出路在于一种解放式的暴力，一种表达质疑和诉求的暴力。那些作为我们给予甚至是强行给予之对象的人，那些被我们赦免死刑的人，他们的暴力与此完全不同。留给他们的只有象征性报复。

然而，在没有更好选择的情况下，这种象征性报复凝结于社会秩序、全球秩序、约定俗成之秩序、理性之善举（bienfaits）的无条件退让中。

这就是为何吉尔摩的案例——他希望被处死，被拔掉氧气管，拒绝任何令其丧失颜面的法律上的宽赦——在今天是对全球性状况和全球性挑战的反映：向掌控一切网络的行为，向通过**理性**、**技术**和**科学**的善举支配事物的行为发起挑战。

我们是否应该接受那种无条件制约？

我们每个人今天都不得不挽救所剩无几的特殊性、领土和象征空间，以此来反对要求我们牺牲一切意志和智力（依然还是陀思妥耶夫斯基笔下的宗教大法官①所建议的那种约定：安逸与接受奴役）的全球谋划和全球性**善举**。

这种"越位"（hors-jeu）的能量从何而来呢？它来自每个人内心的这一盲区，来自对所有机制发出的指令予以反抗的"心"，来自所有的合理化建制（appareils de rationalisation）。

在吉尔摩那令人难以想象的捍卫行为中发挥作用的便是这些。

*
* *

在无限增长这一普罗米修斯式前景中，不是只有让一切运行和解放一切的意愿，还有让一切都有意义的意愿。

一切都要受制于意义（与现实）。某些情况下，我们知道自己永远也无法知道，但是绝大多数情况下，我们甚至不知道什么已经消失，什么已经并且永远地摆脱了我们。

然而，科学一直以来努力的目标就是要消除这一秘密

---

① "宗教大法官"是俄国著名作家陀思妥耶夫斯基长篇小说《卡拉马佐夫兄弟》中，主人公伊凡·卡拉马佐夫为了表明其对人类前途所持的悲观看法，而杜撰的一则寓言式故事中的人物形象。该故事所在的小说第二部第二卷第五章即以《宗教大法官》为标题，是整部小说最负盛名的片段之一。

领域，消除这一秘密的星群，令可侵犯（violable）和不可侵犯（inviolable）两者间的分界线消失。

所有被隐瞒的事物都应被揭露，一切都应成为分析的对象。因此所有努力（尤其是自从阻止我们侵犯自然界的上帝死后）都带来意义（知识、分析、客观性、现实）领域的扩展。

然而，所有一切都让我们觉得这种意义的堆积、过剩、扩散构成了（有点像温室气体的堆积）对人类（还有地球）的潜在威胁，因为在不断的试验中，它逐渐摧毁了在某种意义上作为我们的臭氧层，使我们免遭最糟糕命运——致命的辐射、我们的象征空间的挥发——的那个不可侵犯的领域。

那是否要往完全相反的方向努力，致力于拓展不可侵犯的领域呢？要像尽量限制温室气体的产生那样限制意义的生产，要巩固这一秘密的星群和这道为我们躲避信息、互动和全球交流的泛滥充当防护屏的不可触知的藩篱。

这一相反方向上的努力是存在的——那就是思想层面上的努力。这完全不是由一种理解因果关系或者剖析世界/客体（monde/objet）的智力所主导的分析工作。这种智力完全不是来自一种批判的和开明的思想的智力，而是另一种形式的智力——秘密的智力。

* *

依然令人困惑的，是确定和反确定（contre-détermination）的同时存在。一个社会性个体（être social）通过反社会性（social）来确定自身，一个社会也通过反对自身的价值体系来确定自身，因此才会出现源于这一基本双重性的所有个体的或集体的无法预见的宣泄（abréactions）。这一基本双重性永远不会消失，因为任何试图归并或减少这种"两面性"的做法都会反过来令其重现。至于社会性和令其具有合理性并将其上升为客观学科的社会学（甚至于还有将其确立为理想和意识形态的社会主义），它们有名而无实——被这种单项式意图所破坏。这是人类的谬误。

在为拯救这一正在走向消失的物种（社会性）所做的最后努力中，我们发明了"社交性"（socialité）这一虚拟范畴，试图将就此过时的社会性的客观机制升华为一种流动的结构，成为传输"社会联系"的神经振动和神经冲动（这段话有些累赘，因为如果社会性存在，那必然已经是一种联系——跟其他任何一种联系一样危险）。

因此，**善**的胜利总是有反作用的。

反应总会出现，即便我们已经从根本上将之清除，而废除否定因素和回礼（contre-don）所引起的冲击波正在达到与全球性力量等同的规模。全球性力量因为展开了对否定因素的巨大种族清洗而付出了代价：它因为废除了否定因素而无法再被"辩证地"否定，只有一种更为暴力的否认、一种极端的拒绝和反对才能对其构成威胁——以一种特别带有讽刺意味的形式，因为它经由一种同类相食般的自毁（autodestruction cannibale）。

这便是从人类深处迸发出的一种涌浪（lame de fond）和冲击波，其影响远远超过普通的经济、社会或政治危机。它让当下（actualité）显得特别可笑，特别扭曲，超出了任何真实的或潜在的解决方法的效力范围。所有分析都局限于浅表层次——大部分时间里都是在其失败原因的反复中寻求解决方法。

*
* *

现今令人羞愧之事和绝对遭人冷眼之事，便是对增长之必要性不做回应，或者看不出增长的迹象。两者其实是一回事。

大部分事物便是这样在完全缺乏"客观"证明的情况

下，具备了某种重要性，开始扩散和被世界化。

今天，没有什么比增长这一概念在全球思想中的嵌入更具代表性。

不过，我们却看到，这种增长的背后显现出一种奇怪和矛盾的反应，正微妙地与这一绝对目标背道而驰。这是一种在面对竭其所能的必要性时出现的一种疑惑和懊悔，甚至是一种焦虑。在巨大的技术进步之外，我们难道没有隐约察觉到人类在辨识自我的身份，或者更简单地说，在了解自身是什么方面正面临越来越大的困难？这种冒险（péripétie）和针对增长的现状进行批评的冒险完全是两回事，它是对增长本身的一种排斥，是对作为我们这个社会之基础的价值体系的排斥，绝大多数情况下是无意识的和隐秘的。

这里所涉及的依然不是一种有意识的政治、社会或经济批评，而是一种立场的分歧，是对参与这一游戏的拒斥，是一种叛离。

这里我们可以举齐达内在 2006 年世界杯足球赛决赛中用头撞人[1]一事为例——这是一个给人留下深刻印象的令其失去比赛资格、致使比赛被破坏和属于"恐怖主义"的

---

[1]　2006 年足球世界杯决赛进行到加时赛 110 分钟时，在法国队的一次进攻中，由于意大利球员马特拉齐的言语挑衅，法国球员齐达内突然转身猛地用头顶撞其胸口，将其顶翻在地。随即齐达内被主裁判红牌罚下，成为法国点球失利的原因之一，断送了法国队的世界杯冠军梦想。

举动。齐达内破坏了这一关涉全球性认同的仪式、这一运动和全球结合的典礼，拒绝在如此具有象征意义的活动中作为偶像和世界化的反映，因此也就否定了能够以**善**来改变悲惨现实和能够让几十亿身份未加识别之人在虚空中辨识自我身份（对战争的神圣幻想也是同样的理想化想法）的全球性协约。此外，作为一种临阵脱逃行为，齐达内用头撞人的做法受到了谴责，但同时也成为一个令人崇拜的动作——从成就的巅峰走向反成就的巅峰，走向熠熠生辉之**善**的失败，他突然揭示出位于世界化中心的**虚无**（Néant），而这仅仅是通过一个简单的动作，一个完全非反抗性的动作。抛开所有的主观因素，他的这个动作似乎来自别处，是整个体制倾覆和瞬间遭到嘲讽的转折点所在。这肯定是我们很长时间以来所见过的最光荣（也最优雅）的丑闻。这一记"头槌"让大家输掉了世界杯，但它难道不比让世界化获胜更好？

这里有一种真正事件（événement véritable）的原则，即对世界化（霸权）予以断然拒绝的特殊事件（événements singuliers）的原则——这些事件在这种力量的表演达到高潮时抓住它，以便"更好地干掉它"，一如兰波①所言（他在诗歌领域完成了与此相当的恐怖主义行

---

① 兰波（Arthur Rimbaud, 1854—1891），19世纪法国著名诗人，早期象征主义诗歌的代表人物，超现实主义诗歌鼻祖。

为）。一瞬间，所有迹象（signes）发生了颠倒（还可以参考三岛由纪夫的《金阁寺》①、艾伦·西利托的《长跑者的寂寞》②、巴特尔比、吉尔摩等），而这并非受某项决定或者计算影响的结果，也不是由一种客观偶然性决定的——就像影片《爱情决胜点》（*Match Point*）③中那只在球网顶端处于稳定平衡中的网球一样，如果它落在这一边，那你就赢了；如果它落到另一边，那你就彻底输了。

同理，我们也可以说：齐达内当时可以用头撞人，也可以不用头撞人，无论哪种情况，都有其正当理由。即便是在"偶然"的情况下，这一事件也会遵循理由充分（Raison suffisante）原则……但这里关涉的并不是齐达内的自由意志（libre arbitre）：如果说他确实有做出或者不做出这一举动的可能性，那么事件本身则没有不发生的自由。无论有没有齐达内，世界化（全球性力量）迟早——而且已经从现在开始——都会面临自身的成功、自身的极限并

---

① 长篇小说《金阁寺》（*Pavillon d'Or*）是日本著名作家三岛由纪夫（1925—1970）的重要代表作，发表于1956年。故事取材于1950年7月11日日本京都古刹金阁寺僧徒林养贤纵火焚毁金阁寺的真实事件。小说中，生来为口吃苦恼的青年沟口从贫穷的乡下来到金阁寺出家后，终日沉迷于金阁之美，幻想在战火中与金阁同归于尽的壮美场面。然而战争的结束使这一愿望永远化为泡影，绝望之余，他毅然将金阁付诸一炬。
② 艾伦·西利托（Alan Sillitoe，1928—2010），英国著名工人作家，是英国20世纪50年代重要文学流派"愤怒的青年"代表人物。其作品以绝不妥协的社会批判著称，用现实主义写作手法生动叙了二战后英国社会的贫穷、矛盾以及工人阶级艰难而顽强的生活。《一个长跑运动员的孤独》（*The Lonliness of the Long Distance Runner*）发表于1959年，描写了一个具有运动天赋的少年犯，被当权者利用，作为他们成功改造迷途年轻人的证据。
③ 伍迪·艾伦（Woody Allen）执导的电影，2005年上映。——原注

因此而面对这一没有任何正当理由可言的自动痉挛（convulsion automatique）。

我们可以想象一下这样的情况：到目前为止（这里既涉及世界杯（Mundial），也同地缘政治策略力的力量上升有关），一切都在朝积极的方向发展，大局已定，突然，在一个细节——蓦然发生的形而上层面的丑闻（scandale métaphysique）——的微微促动下，出现了不参与这种游戏和不再遵循理由充分原则的事情。

与其他许多案例一样，这起冒险事件遵循的是穆齐尔所谓的"理由不充分（Raison insuffisante）原则"（"9·11"事件也遵循这一原则）："大家都认同理由充分原则，然而不凑巧的是，只要是与人直接相关的事情，我们就总会制造例外。与在历史生活和公众生活中一样，在我们的现实生活，我指的是个人生活中，永远只会发生没有正当理由的事情。"

在这个意义上，这起不合时宜的、孤立的和插曲式的事件是反抗世界全面同化的一个精彩片段，是在共识大获全胜的特殊背景下的一个单纯的特殊时刻，是一个在某种意义上来自别处的动作（正如就"9·11"事件而言，我们可以说所有人都在私底下期待这样的迹象，但是，达到这种全球规模的迹象特别罕见）。

就理由充分原则而言，它显得特殊，但就理由不充分原则而言，它则有着不可抗拒的必然性和逻辑性——这些事件的发生不需要任何参与者（acteurs）或主观动机，它们仅仅反映了一个事实，即一种力量（不管什么力量）在其最深处包含着毁灭和自我毁灭的潜在力量，如果我们迫使其按照合理的逻辑发挥出自己能力的极限，那它就不得不这样做。

因此，这样的事件是注定要发生的，不需要什么"客观"的和充分的理由——因为这种力量的隐藏迹象（signe caché）自然地转而反对这种力量本身，这种力量发挥着一切作用，它在某种意义上是自足的，既能自我预示，又能自我毁灭。

这类事件与历史事件的不同之处在于它既非源于一种反抗，也非源于一种力量关系抑或一种否定作用。如果说齐达内一下便击败了和不假思索地挑战了足球所体现的全球性力量，那根本不是出于一种反抗感或者对一切事物的反对感。源于这种批判的、革命的思想和这种辩证的超越形式的一切早已失去实质内容。

就这一方面而言，一切已成定局。但是，在与自身斗争的这种力量方面，情况却并非如此。这种吸收策略通过一种同样奇妙的讽刺来创造颠覆自身的条件。

由于它绑架了所有解决方法，并以最终的解决方法自居，所以，在这一从此没有对手（如果不算其从一开始就带有，但又竭尽全力通过对世界的全面说服来加以消除的虚无和死亡的话）的过程结束之时，它除了崩溃和自我颠覆外，别无选择。

唤醒处于力量中心的死亡（如同沃霍尔①试图找出位于图像中心的虚无），这便是新对抗的形象。要做到这一点，只有通过比正面反抗或者捍卫人权更加微小的事件——通过荒唐可笑的事件、通过威慑的所有象征性形式，亦即通过恐怖的各种形式。在这个意义上，齐达内的举动是一种恐怖主义行为。

*
* *

虽然来自人类历史的深处，但依然在最最当下的世界中发挥效力的规则，便是赠礼与回礼的规则。

如果自然界被作为礼物馈赠给我们，那我们应当能够对这一馈赠做出回应。如果不能对其做出回应，那我们就该消解自然界。人类参与其中的正是这样一种举动，特别是自现代以来，其抽象化程度越来越高，直至一种令我们得以彻底摆脱自然秩序的霸权结构。我们可能试图通过这

---

① 安迪·沃霍尔（Andy Warhol, 1928—1987），美国著名摄影师、导演、艺术家，波普艺术的倡导者和领袖人物，20世纪艺术界最有名的人物之一。

种全球性的效能，通过这种技术诡计，通过以我们亲手打造的可控世界来取代自然界，以消除对于从一开始便不受我们控制的事物和我们无法对其做出回应的馈赠之物的恐惧。

我们以为只要将自然界从地图上划去便等于找到了解决问题的方法。但是，一方面，这完全解决不了这个问题的象征因素——改造世界的举动是一种技术性的而非象征性的操作；另一方面，这并不是一种回应。我们只不过消解了我们无法回答的问题。

然而，这一技术性的解决方法因为遭到滥用而最终制造出一个人类被排斥在外的世界（这很正常，因为人类本身就是一种自然的存在物），并引发了一种新的根本性恐惧的状况，即我们要面对一个完全不受我们掌控的世界。

是否还得弄清人类大肆追求这种效能的原因何在呢？没有别的可能，除了……除了假设这就是我们真正的回应。

也就是说，替换自然界这一荒诞的想法是我们回礼的形式，是我们面对的挑战。在这一假设中，我们的整个技术世界，甚至包括其极端行为在内，都具有了很高的象征价值，象征着对原始赠礼（或原始罪行）的回应。这个原始赠礼便是我们不在其中且其存在未曾征询我们的意见的世界。在这种情况下，根据这一新的假设，我们没有理由再让体制的整个演变过程经受否定性和批判思维的攻讦。

一切已成定局，此处亦然。正如德里罗写道的："……在世界的0/1状态中，……，决定地球亿万居民最轻微之呼吸的数字需求。生物圈的冲劲即在于此。"

因此，我们不必再去幻想其他某种批判性或象征性的解决方法，只要在摧毁中坚持下去就好，因为我们面临的挑战、我们的骄傲即在于此——我们打破了基本的象征规律，我们不仅想象出了，而且还在最坏的程度上（但是这种情况下，最坏之处何在？）实现了一个真正不具人类属性的科幻世界。

我们可以将对这一全面的诡计所做之分析扩展到整个仿真领域。想一想，各种模式和图像的超前性（précession）、消除真伪之界线的计策，也是对真实世界和现实世界做出攻击性回应的一种形式；所有这一切都是为了逃避真相与事实，逃避先于我们而存在的"自然"界强迫我们承认其具有先在性（antériorité）特权的这一令人无法忍受的企图。

事实上，一切都可以总结为：我们要成为原型（original），不管用什么手段，哪怕是要毁灭真实（vrai）。我们就是这样通过一种如今已经荒诞化的摧毁性做法来完善现实的。

不幸的是，如今，这种做法是如此成功，进步让我们被虚拟地赋予了一切，拥有了一切，以致我们再度陷入与起初一样的僵局——面对一个既显而易见和无法抗拒，同时又好像从天而降的现实！我们依然不知道如何做出回应，也不知道该对谁负责。我们再也没有可以用来同这个科技世界（这个霸权领域）进行"比较"的对象。我们再也没有可以同任何事物进行"比较"的对象，也无法想象这种进化的极限是何模样。那些尚存一丝怀旧之情的人只能问自己为什么世界这么容易受到"世界化"这一举措的攻击，为什么人类这么容易受到这一系统性消灭人类自身的举措的攻击。

剩下的还有历史上所有异端邪说培养起来的怀旧之情——在现实世界进展的同时，梦想着通往千年之福的绝对事件。这是对那个突然揭穿完全挟裹着我们的阴谋的唯一事件的极端期待。这种期待一直处于我们集体想象的中心。末日启示即在于此，点点滴滴，在每个人的内心深处。

本文由作者在 2006 年 9 月 21 日于基多（厄瓜多尔）举办的拉丁学院（Académie de la Latinité）第 14 届国际大会开幕式上宣读，未曾公开发表。

为何一切尚未消失?

序 言

"空无一物之人，连他所有的，也要从他夺去。"

《马太福音 25：29》①

"为什么是空无一物，而非有些什么?"这是对莱布尼兹设问②的彻底倒置，也是摒弃形而上学的一种彻底方式。

不再是存在，而是空无（rien）。阿根廷作家、博尔赫斯的朋友马塞多尼奥·费尔南德斯（Macedonio Fernández）早已将对空无的探索推至深远："关于空无的一切——包括**空无**在内，仅仅关于**空无**，但并非空无的全部——关于**空无**还有其他内容，即它那众多缝隙中的某一些。"③让·鲍

---

① 让·鲍德里亚曾在《对话的流亡者》（与昂里克·瓦利安特·诺阿耶[Enrique Valiente Noailles] 合著）一书中引述此内容。《对话的流亡者》（*Les Exilés du dialogue*），巴黎，伽利略出版社（Galilée），2005 年，第 154 页。——原注

② 莱布尼兹曾将"存在是什么?"这一西方哲学史上古老而终极的形而上问题表述为"为什么总是有些什么，而非空无一物?"这一设问。

③ 《新来者的证件与空无的延续》（*Papiers de Nouveauvenu et continuation du Rien*），巴黎，何塞·孔蒂出版社（José Corti），1992，第 157 页。——原注

德里亚进一步扩大了空无的界域，他将缝隙填满。这是合乎逻辑的。我们曾经以为，**善**来自对**恶**的涤荡，**永恒**来自对现世的摒弃，**整体**来自对空无的消除。统一一切、消解二元（dualité）、涤荡罪恶、去除空无的极权欲望无时不在。我们摆脱了世界的模糊性。

必须学会同空无共舞，这是重要的游戏和重要的风格。"其于生活之必需犹如空气与风之于鸽子的飞翔"①，而并非如康德所想象的那样，"轻捷的鸽子"若能克服各种阻力，便可以飞得更好。

虚无主义？不是。虚无主义恰恰是对空无的忘却。体制才是虚无主义的，因为它足以令一切都陷入漠然。按照让·鲍德里亚的话说，体制是"真正否定一切的"，因为它否认空无，否认任何幻想。剩下的只有挑战，来自激进思想的挑战，这种思想将希望寄托在对世界的幻想之上，假定世上或许空无一物，而非有些什么，并且"追寻着那在意义的表面延续之下流动着的空无"。

这并非反向的形而上学，而是对形而上学的背反。

弗朗索瓦·利沃内②

---

① 见《对话的流亡者》，同前。——原注
② 弗朗索瓦·利沃内（François L'Yvonnet），法国哲学家，鲍德里亚生前好友。

为何一切尚未消失？

我说到时间，是因为它尚不存在
我说到一个地点，是因为它已消失
我说到一个人，是因为它已死亡
我说到时间，是因为它已不再存在
我们来谈谈人已然从中消失的世界。

这里所说的是消失（disparition），而非枯竭（épuisement）、消亡（extinction），抑或灭绝（extermination）。资源的枯竭、物种的消亡，这些都是物理过程或者自然现象。

差别正在于此，因为人类大概是唯一的物种，能够创造与自然法则无关的独特消失方式——甚或消失艺术。

阿基米德支点

我们从真实（le réel）的消失开始说起。我们经常谈及媒体时代、虚拟时代、网络时代对真实的谋杀，却并不对真实何时开始存在多做思考。然而若仔细审视，便会发现，真实世界是在现代，随着人类决定通过科学、对世界的分析性认识和技术应用——即如汉娜·阿伦特（Hannah Arendt）所言，通过在世界以外创造出将自然世界彻底远置的阿基米德支点（基于伽利略发明望远镜和人类发现数学计算）——对其加以改造而开始存在的。从这一刻开始，人在着手分析和改造世界的同时，与之分离，同时赋予其真实的力量。因此，我们可以说，真实世界便是这般矛盾地自其开始存在之时便开始消失。

凭借认知事物的独特能力，人在赋予世界意义、价值和真实性的同时，也开启了一个解体的进程（就字面义而言，"分析"便意味着"解体"）。

但是，或许还要做更深远的追溯，直达概念和语言层面。人通过对事物的想象、命名和概念化而令事物存在，同时也加速了它们的消亡，在不知不觉中令它们脱离原初的真实状态。因此，阶级斗争虽然自马克思为其命名而开始存在，但是，其以最为激烈的方式存在于世或许仅仅是在其被命名之前。被命名之后，其力度便逐渐消退。一样事物被命名，被表征和概念控制之时，便是其开始失却活力之时，即便其就此成为真理或是作为意识形态而不容拒斥。**无意识**和弗洛伊德对**无意识**的发现便是这种情况。概念正是在事物开始消失时出现的。

猫头鹰在日落之时起飞，黑格尔如是说。

以世界化为例：我们之所以反复谈及世界化，视其为一种显而易见的现象、一种毋庸置疑的现实，或许便是因为它已经不再处于自身演变的高潮，因为我们早已展开同其他事物的斗争。

真实就这样消逝于概念中。而更加自相矛盾的，则是概念、观念（也包括幻觉、空想、理想、欲望）在各自的现实化中消逝这一正好相反的过程。一切都因自身的过度真实而消失。借助于对具有无限可能的心理和物质技术的发挥，人类得以达致自身能力的极限，也恰恰因此而消失，让位于一个将其排除在外的人造世界——一种在一定程度上属于唯物主义最高阶段的全面效能。（马克思：阐释的理想主义阶段，这一不可抗拒的变化将导向一个我们不在其中的世界。）这个世界是完全客观的，因为不再有人作为它的观看者。在变成纯操作性之后，它不再需要我们的表征，况且也不再有表征的可能。

因为如果说人的本性是避免达到自身能力的极限,那么技术性物体的本质则是发挥自身能力的极限乃至极大地超越这一极限——其与人类的根本界限由此显现——直到表现出与人本身相对立的无限的运行可能,并导致人在或长或短的时间过后消亡。

因此,马克思在否定作用和矛盾动因(moteur de la contradiction)的推动下隐隐预见的现代世界,因其自身的过度实现而变成了另一个世界,其间事物甚至不再需要对立物而存在,光明不再需要阴暗,女性不再需要男性(或者相反?),**善不再需要恶**——世界不再需要我们。

由此可见,人的消失(当然还有与之相关的一切:京特·安德斯所说的过时、道德准则的没落,等等)方式正是源于一种内里的逻辑和一种内在的过时,源于人这一物种对其最伟大计划——掌控宇宙和穷尽一切知识的普罗米修斯式计划——的实施。正是这种实施令人类比所有动物都更快地走向消失,因为它让一种不再有任何自然属性可言的进化变得越来越快。

这并非受某种死亡冲动(pulsion de mort)的驱使,也不是倾向生命形态无差异的倒退心态的表现,恰恰相反,这归因于极尽可能地展现自身力量和能力,甚至幻想废止死亡的冲动。

然而,令人尤为惊讶的是,两者的结果却是一样的。

生命（或者说"爱洛斯"①，如果这个词指的是全部能力的展现和科学、意识与愉悦感的深化）的极端尝试同样会导致人类的隐性消失（disparition virtuelle）这一后果——似乎这样的命运已被设定在某处，而我们只是这一计划的长期执行者而已（这不禁让人想到细胞的凋亡——细胞以此过程来开启自身的毁灭）。

所有这些都让人有一种感觉，或者说幻觉，认为这是一种命中注定的策略（stratégie fatale）——在经历这一进化过程后，我们就会越过这个点，这个卡内蒂所说的消失点。人类将在这个点上，在不自知的情况下，走出真实与历史；真与伪的一切差别都将在这个点上消失……

在这种情况下，我们和我们的躯体将只是一台对我们实施远程控制的技术设备名存实亡的组件（membre fantôme）、可有可无的环节和幼年罹患的疾病（好比思想不过是人工智能幼年罹患的疾病，人类不过是机器幼年罹患的疾病，真实不过是虚拟幼年罹患的疾病）。

整体依然封闭在依据一种线性轨迹来构想一切的进化主义视角中，从源头到终点，从原因到结果，从出生到死亡，从出现到消失。

---

① 在精神分析中，"爱洛斯"（Éros）表示一种潜藏在性本能之后并与死的本能针锋相对的生的本能，是一种具有创造性和建设性的积极力量。

消失的艺术

然而我们可以换一种方式来设想消失，将其视为一起独特事件和一种特殊意愿的对象，即不再在场的意愿。这种意愿完全不是消极的，恰恰相反，它可以是期盼看到我们不在其间的世界（摄影）是怎样一个世界的意愿，或者是超越终结、超越主体、超越任何意义、超越消失前景（horizon de la disparition），看一看世界还有没有事件可言，还有没有事物不按计划设定而出现的意愿。一个外表纯粹、属于本真世界（而非向来只是表象世界的真实世界）且只会从所有外加价值观的消失中产生的范畴。

在此，一种消失的艺术亦即另一种策略显露端倪——价值观、真实、意识形态、终极目标的消解。

但同时也是一场游戏，一种与所有这一切游戏的可能性、一种艺术（不过完全非文化和美学意义上的）——更接近一种战术（art martial）——的可能性。

艺术本身在现代只能于自身消失的基础上存在——不仅是为了另一种景象而令真实消失的艺术，也是在实践自身的过程中自我毁灭的艺术（黑格尔）。正因如此，艺术曾经引起过巨大的反响，曾经作为论争的焦点——我是说"曾经"，因为今天艺术在消失的同时并不知道自己已消失，而这正是最糟糕的，它在深度昏迷中继续着它的轨迹。

它已经成了所有在自身消失后依然存在的事物的一种范式。其中的一些将这种消失当作一种尚有活力的形式加以过度利用；一些则处于消失状态，且只得在消失后继续存在。比如，政治景象显然只是反映了洞穴中的影子①和在其间以脱离现实的方式活动，却对此一无所知的人物。（以这种方式消失的事物，如制度、价值观、个体，其列表会拉得很长。）很不幸，作为一个物种的我们自身，日后完全可能——比如以克隆、计算机技术和网络这样的形式——被纳入生命的人工延续和某种已经消失却又并未结束消失的事物的永恒延续，而全部诀窍就在于懂得在死亡之前消失和选择消失而非死亡。

不管怎样，没有什么会彻底消失，任何消失的东西都会留下痕迹。问题在于当一切都消失后留下来的东西。这有点像路易斯·卡罗尔（Lewis Carroll）笔下的柴郡猫②，它的笑容在其样子消逝之后还漂浮在半空中。或者说有点像上帝的审判：上帝消失了，但留下了他的审判。然而，一个猫的笑容已经够吓人的了，可是只有笑容没有猫的情形比这还要更吓人得多……上帝的审判本身有些可怕，不过没有上帝的上帝审判就……

---

① 此处涉及柏拉图在《理想国》中提出的"洞穴隐喻"。
② 英国作家路易斯·卡罗尔（Lewis Carroll）创作的童话《爱丽丝漫游奇境记》中的角色，形象是一只咧着嘴笑的猫，拥有能凭空出现或消失的能力，甚至在它消失以后，它的笑容还挂在半空中。

如此我们可以认为所有消失的事物——制度、价值观、禁令、意识形态、观念本身——继续以隐秘的方式存在并在暗中产生影响，就像我们说古代的神祇到了基督教时代都化身为魔鬼一样。所有消失的东西都在点点滴滴地侵入我们的生活，这种点点滴滴通常比曾经统治我们的显性的权力机构更具危害性。在我们这个宽容和透明的时代，禁令、控制、不平等逐一消失，其目的却是为了进一步渗入人们的精神领域。我们甚至可以想象去追寻我们以前生活的印迹，更不用说是追寻无意识之印迹了。没有什么是永远消失的。不过我们并不是要做什么超心理学①研究，还是从心理学范畴来看一看有点儿像是真实的消失之镜像的主体的消失吧。

的确，主体——作为意志、自由、表征之决策体（instance）的主体和权力、知识、历史的主体——已经消失，留下了他的幽灵和他那自恋的复本。他的消失是为了一种模糊的、漂浮而无实质可言的主体性，这种主体性有名无实，包裹着一切，将其变成一种巨大的反射平面，反射空泛的、脱离现实的意识——所有事物都闪耀着一种无客体的主体性，每一个单子、每一个分子都被一种彻底自恋、

---

① 超心理学（parapsychologie）在此指采取科学方法对特异心理现象的研究。

一种永恒的影像回放的织网所掠获。这便是世界终结之时主体性的形象，真正的主体已从中消失，不再为任何事物所纠缠。主体成为这一致命的意外状况的受害者，在某种意义上，它不再有任何对立面，既无客体，也无真实抑或**他者**。

我们最大的对手只能用他们的消失来威胁我们。

因此，这种**巨大的消失**不仅是事物之潜在变换（transmutation virtuelle）的消失和对真实之嵌套①的消失，也是主体之无限分化的消失和意识在真实的所有缝隙中之连续分散的消失。甚至可以说意识（意志、自由）无处不在，与事物的演变混为一谈，并就此变得多余。枢机主教拉青格②也对宗教进行过类似的剖析：被（政治、社会等）世界同化、与之保持同一步调的宗教成了多余之物。正是出于相同的原因，即越来越混同于客观之平庸，艺术不再同生活有所差异，成为多余之物。

另一方面，我们也许会辩驳以消失的积极意义，如暴力、威胁、疾病或是死亡的消失，然而我们知道，所有因此被压抑和消除的东西，最终都会转变为对社会躯体和个人躯体的一种带有毒害性的渗透。

---

① 嵌套（mise en abyme），一种文学叙事技法，最早由法国小说家纪德在小说《伪币制造者》中开创：小说里的人物写了一篇小说，也叫《伪币制造者》，和小说本身形成了一种嵌套结构，即在一个故事里夹套另一个故事，就像两面镜子对立互映，形成无穷深渊般的反身映射。

② 即教皇本笃十六世，本名若瑟·拉青格（Joseph Ratzinger），2005 年 4 月当选教皇之前为德国籍枢机主教。

因此，不能将消失——作为一种形式的消失——归于某种目的（同样也不能将出现归于某种目的），无论是就**善**的范畴还是**恶**的范畴而言。在我们围绕消失所持有的种种幻想之外，在对某些事物彻底消失的合理期望之中，应当令消失恢复声望，或者干脆说恢复威力和影响——并非作为存在的终结维度，而是作为其内在维度甚至是不可或缺的维度来重新赋予消失重要性。任何事物都必须以消失作为生存之基础，如果希望对事物做出完全客观的诠释，就必须以其消失为依据。没有比此更好的分析标准。

我们同真实及其消失间的关系完全是模糊的。每个图像背后，都有某一事物的消失——其魅力正在于此。在虚拟的真实背后，在其各种形式（远程通信、信息技术、数码技术，等等）之下，真实已然消失——令所有人为之着迷的正在于此。按照通常的观点，我们对真实及其准则怀有一种崇拜，然而——当下之悬念全部集中于此——我们崇拜的对象到底是真实还是真实的消失呢？

整个世界的情况都是一样的，完全一样，我们要么追随通俗的批判立场，将此视为一种不幸，要么视其为一种令自身得以保全的享受（jouissance refuge）和在某种程度上算是幸运的宿命。

这是一种相互矛盾的双重设定，没有解决的办法。

从模拟到数字……
到霸权

这一我们在某种程度上依然享受其落日余晖的真实，最能表现其系统性消失的，或许便是图像的当下命运——图像在不可避免地由模拟转向数字的过程中消失的当下命运。图像的命运具有代表性，因为以各种形式呈现的关于技术图像的发明，是我们在对一种"客观"真实、一种由技术反映给我们的客观真理的热切追寻中所完成的最后一项重要发明……然而这种反映似乎越来越"入戏"，以至将一切都变成了虚拟的、数字的、计算机的"真实"——图像的命运不过是这场人类革命微乎其微的细节。

与变成数字并就此从底片和真实世界中解放出来的照片相比，没有其他什么类比能更好地表现这场革命。无论是底片的消失还是真实世界的消失，其后果都是难以估算的——当然是就不同层面而言。物体的独特存在被终结了，因为可以通过数字技术来构建之。摄影行为的独特瞬间被终结了，因为图像可以立即删除或重构。底片所提供的无可辩驳的证据被终结了。同时消失的还有延时（le différé）和距离，即由底片阶段所构成的这一在物体和图像之间的间歇期。银版①照片是由世界生产的图像，因为有胶片作为介质，这一图像仍然具有表征的维度。数字图像则是直接出自屏幕的图像，很快就会融入由其他出自屏幕的图像所组成的整体。它属于一种数据流，完全受制于机器设备的自动功能。当计算功能和数字技术压倒了形式，当软件压倒了视线（regard），摄影还成其为摄影吗？

所有这些并不是简单的技术突变：由于数字技术带来的这一转向，模拟摄影和被视为来自物体的光线与来自视线的光线汇聚产物的图像完全被摒弃并遭到彻底的弃用。在数字化过程中，很快我们就再也找不到物体以底片形式将自身记录于其上的胶片和感光面。只有图像软件、精确到十亿分之一像素的数字效果，同时还有无论以什么事物为拍摄对象都可享受的前所未闻的取景、影像回放与光合（photosynthèse）之便捷。从隐喻的角度来说，这意味着在场和不在场的游戏、出现和消失的游戏（摄影行为令物体在短暂的时间内消失于其"真实"之中——无论是在虚拟图像中还是在数字录入中都没有这样的现象——更不要说图像在照片冲洗时隐约呈现的神奇过程）所蕴含的丰富内容，亦即摄影行为所蕴含的丰富内容在数字时代来临之际

---

① 银版摄影法由法国画家和发明家路易斯·达盖尔于1839年发明，其原理是利用水银蒸气对曝光的银盐涂面进行显影作用。用这种方法拍摄出的照片具有影纹细腻、色调均匀、不易褪色等特点。

消失了。

世界以及我们的世界观因此而改变。

特别是在科技进步极为迅猛的最近，出现了一种荒诞的想法，要用图像来"解放"真实和用数字来"解放"图像。这种"解放"依托的是真实和图像在数量上的充盈（profusion）和扩增（prolifération）。也就是说要忘记涉足摄影行为所构成的挑战和风险，忘记与物体关系的不稳定性和双重性——或许可以称之为视线的"挫败"。这种不稳定性和双重性是摄影的关键所在，是少见的属性！我们无法解放摄影！

上面所说的这些依然只是各方面——特别是思维、概念、语言和表征方面——大规模发生之情况的一个极其微小的例子。遭遇数字化的相同命运正等待着整个精神世界以及一切与思维相关的领域。

只须将词汇变换一番，完全就是相同的情形：由于0/1这种属于积分计算的软件建构，语言和思维的所有象征式联结都消失了。很快便不再有发生光学反应的感光面，不再有幻想与真实之间的思维悬念，不再有间歇、沉默和矛盾，而只有连续不断的数据流和单一的集成电路。计算机智能适用于——或者更准确地说，迫使我们接受——生产、积累和"光合"所有可能之真实的相同便捷与随意,就像数字技术之于图像一样。将思维同大量计算或是将照片与大量图像混为一谈,这是一种幻觉,一种巨大的幻觉。我们在这个方向上走得越远,就离思维和照片的奥妙与乐趣越远。这方面的征兆,是人为赋予大脑过度优势,不仅是在神经科学领域,而且是在各个领域中。更不用说勒雷最近(针对可口可乐广告)提出的规划"人脑处于有效状态的时间"的建议,以及无论就持论者并未意识到自己的观点有多恬不知耻而言还是就观点本身有多可笑而言,都比之更甚的来自巴黎市政府一位文化方面负责人的言论:"我们想要的,是让人脑足够有效,不是就广告和资本而言,而是就**文化**和**创造**而言!"

不管怎么说,将大脑当成一台接收机、一个突触①终端(terminal synaptique)或是一块脑颅实时影像显示屏是毫无道理的(就此而言,在万不得已的情况下,将"功能性"大脑同广告市场联系起来的做法在荒诞程度上比将大脑当作"创造"的载体还要好一些!)。简言之,根据整个传播理论的荒谬前设("我们是互不相识的接收体与发送体"),一旦将大脑作为一种信息处理模型、一种类似于其他数字机器的超级机器,大脑和(虚拟的)真实便会如接口联通一般形成回路,互为镜像,按照同一程序运行——

---

① 突触是神经元之间在功能上发生联系的部位,也是信息传递的关键部位。

所有这些都将导致我们称之为"人工智能"的东西出现。在这种情况下，我们彻底赋予了大脑作为思维战略源头的优先地位，确保——以牺牲其他一切形式的智能，尤其是被弃置于无用功能区的**恶**的智能为前提——其享有霸权亦即称霸的力量，一如在地缘政治领域中那样。同样的垄断，同样的金字塔式权力结构。

以上所说已然成为全球范围内霸权进程之特征。摄影和数字技术为更加全面的分析充当了微观模本，因为这种霸权正是要令人类事务中的所有负面因素都消失，正是要将一切都简化至最简单的、统一的、没有其他选择的程式，即 0/1 程式。人们希望看到所有的冲突都在这种纯粹的电位差①中以数字方式消失。

图像所经受的暴力

从数字计算和电脑中无中生有（ex nihilo）产生的合成图像，是对图像的终极暴力。

图像自身的想象力即其基本"幻象"（illusion）不复存

---

① 电位差异（différence de potentiel），即 0 与 1 的电位差异。电路的逻辑只有 0 和 1 两个状态，0 表示低电平，1 表示高电平。计算机由无数个逻辑电路组成，因此只能根据 0 和 1 的无限位数和组合来表达信息。

在，因为在合成操作中，参照（référence）不复存在，真实本身不必再出现，因为它作为**虚拟的真实**被直接制造出来。

数字数码制造消除了作为类同替代物（analogon）的图像，消除了作为能够被"想象"之物的真实。摄影行为这一主体和客体均消失于同一瞬间光学反应中的时刻——快门在短时间内取缔了世界和视线，一种类似晕厥和休克的感觉开启了图像的机械性能——在数字处理（processing digital）中消失了。

这一切无可避免地导致了作为独特媒介的摄影的消亡。与模拟图像（image analogique）一道消失的是摄影的本质。模拟图像曾一度证实主体对客体最后的实时在场，是对我们所要面临的数字技术扩散和泛滥情况的最后延缓。

参照的问题已经是一个几乎无法解决的问题，那么真实呢？表征呢？当参照体（référent）随着**虚拟**的出现而消失于图像的技术编排中时，当不再有面对感光胶片的真实世界时（如果将语言比作观念的感光胶片，则其遭际也与此相同），从根本上说，也就不再有表征的可能。

还有更糟糕的情况。模拟图像的特点，在于其中体现了某种形式的关于世界的消失、距离和停止，也就是沃霍尔所说的图像中心的虚无。

然而，在数字图像中，或者更广义地说，在合成图像中，不再有负片，不再有"延时"。其间没有任何事物消亡，没有任何事物消失。图像只不过是一条指令和一道程序的结果而已，并且这种情况还因为图像可以从一个载体自动传播到另一个载体——电脑、移动电话、电视屏幕等形成了网络的自动性（automaticité），与图像生成的自动性相呼应——而变得更糟糕。

那么，是否需要拯救这种缺席和虚空呢？是否需要拯救图像中心的这种虚无呢？

不管怎么说，移除意义可以令本质显现，换言之，图像比其言说的内容更重要，一如语言比其表达了什么更重要一样。

图像也应当通过某种方式保持对自身的陌生。不要像媒介那样反射自我，不要将自身视为图像。保持自身为一种虚构、一种寓言，并就此呼应事件无法消解的虚构。既不要落入自己布下的陷阱，也不要让自己被禁锢在影像回放中。

对我们而言，最糟糕的情况恰恰是不可能存在一个没有影像回放的世界，即一个不在被我们看见之前就已经不停地被输入、接收、录制和拍摄的世界。对"真实"世界而言，这是致命的危险，对图像而言亦然，因为当图像同真实混为一谈时，当图像一味陷入真实且令真实不断再现时，便不再有图像可言了，至少不再有作为例外、幻象和平行世界的图像。在淹没我们的视觉洪流之中，图像甚至不再有时间成为图像。

我幻想着有一种图像是对世界特殊性的自动写入，就像在著名的拜占庭圣像破坏之争①中破坏圣像者所幻想的那样。他们只承认神即时显现的图像才具有真实性，如同耶稣圣像面纱②（voile de la Sainte Face）那样，通过一种类似于摄影底片负片的移印方法，在毫无人类之手介入即"不经人手而成"的情况下，自动写入神的面孔。而对于"经人手而成"（cheiropoiétique）的所有偶像，他们则予以激烈反对。在他们看来，这些偶像不过是对神的假冒而已。

摄影行为在某种程度上倒是"不经人手而成"。摄影是对光线的自动写入，无须经由真实和真实之观念。凭借这种自动性，摄影或许便成为脱离人类之手的世界本真状态（littéralité du monde）的原型。世界如源头幻象（illusion radicale）和纯粹印迹（trace pure）般自我生成，没有任何仿真与人力的介入，尤其是并不以真理自居，因为如果说人类的精神力量有其最佳产物的话，那便是真理和客观真实。

----

① 指公元8世纪到9世纪间在东罗马帝国即拜占庭帝国内部发生的破坏基督教会供奉的圣像、圣物的运动，其实质是反对正统教会统治势力和教会修道院占有土地的政治斗争。
② 耶稣圣像面纱（voile de la Sainte Face），对与耶稣的真实容貌关系密切的一类圣物的统称。这类圣物的共性在于"不经人手而成"（acheiropoiétique），即指耶稣显神迹令其面容浮现于物体之上。

赋予摄影图像意义有着很大的虚伪性。这如同让拍摄对象进行摆拍。一旦感觉到某个主体的目光投诸己身，事物自身便开始在意义的光照下摆好姿势。

我们不是一直有着这样的深度幻想，幻想一个没有我们而独自运行的世界吗？有着看到我们不在其间和免受一切人类意志、一切太过人类的意志影响的世界这样的诗意愿望吗？诗意语言的极大乐趣，就在于看到语言独自运行于其物质性与文字性之中而不必经由意义——令我们感兴趣的正在于此。同样的情形还有字母易位构词（anagramme）、透视变形成像（anamorphose）、"隐藏于地毯中的图案"。语言的消失点（The Vanishing Point of the Language）。

摄影的运作不也是如同在揭示——技术层面和抽象层面的双重揭示——"隐藏在地毯中的图案"吗？图像的消失点（The Vanishing Point of the Picture）。

系列照片几乎可以算是照片的一种宿命，因为相机（尤其是数字相机）的发展趋势是无限拓展自身的可能性。由于缺乏对世界细节的直觉力，由于无法尽显其意义和表象，数字系列图像以增加自身的生成数量来填补空白。以我们当下的极端处境而言，我们已然处于无法抵制的连续取景阶段。

然而这已不再是照片，甚至不再是严格意义上的图像。确切地说，它们参与了对图像的谋杀。谋杀的罪行还在继续，参与者是所有堆积成各种系列抑或各种"主题式"组合的图像，它们对同一事件所做之阐释已经到了令人极度反感的程度——它们相信堆积的功效，事实上却是在相互冲抵——也因此陷入信息的零度。

因此，可以说有一种加诸世界的暴力，但也可以说有一种加诸图像和图像之主权的暴力。然而，必须让图像拥有主权，拥有自己的象征空间。倘若它们有生命的话——这里不涉及"审美"——它们会清除这一象征空间中无限多的他异因素，以确保其稳定。（真正的）图像之间有着永恒的对抗。而这恰恰是今天数字摄影反其道而行之处——在数字摄影中，绵延不绝的图像如同基因组合序列一般。

与此相反的另一种情况，则是纯粹抽象化的摄影。这属于一种精神事物（*cosa mentale*）——头脑中看到一个已经被拍摄过的世界，无须通过取景来将其物质化，而是像镜头改变世界那样对世界展开想象。某种程度上可以算是摄影的内在迷醉（*extase intérieure*）。

图像陷入全面的失控状态——照片可以消失于令人目眩的碎片化中，或是任何事物都力求于碎片化的微观层面获致显现这种不惜代价追求可见性（visibilité）的技术狂热中。不再是于形式的游戏中消失，而是被自动替换——世界从一幅图像自动切换到另一幅，恰如个体瓦解于网络所导致的精神流散（diaspora mentale des réseaux）之中，并由此进入一种彻底的幽灵状态那样。

这种失控局面的终极阶段便是合成图像。从伪造的处于弥留之际的黛安娜王妃的照片到摄影棚里制作出来的报道，都宣示了在时间不可逆转前提下实时采集图像这种做法的穷途末路，而这是在图像与时间不再有任何关联的虚拟维度中闪现的最后一缕现实微光。

虚拟图像中不再有任何局部精准，不再有任何属于模拟图像时代的"刺点"①。以前，在"真实世界"的时代里，摄影——按照巴特的说法——表明的是一度在场的某事物无可逆转的缺席。数字照片则是实时拍摄，它所表明的，是未曾发生且其缺席无足轻重之事。

在摄影行为所经历的这种数字自由化中，在这一由媒

---

① "刺点"（punctum），罗兰·巴特在其专门谈论摄影的《明室》（La Chambre claire）一书中提出的关于好照片的两个标准之一，另一标准是"知面"（studium）。"知面"具体来说就是照片的内容，即影像的表层，体现了摄影师的意图，而"刺点"具体来说则是照片中的细节，是画面里能够击中人内心世界的元素。

介本身连续不断生成图片、除了技术手段外不牵涉任何其他因素的无人化过程（processus impersonnel）中，我们可以看到系列性（sérialité）所达到的完备形式。在某种程度上，这就是人工智能在图像领域的对等物。因此，我们可以将一台数字相机所拍摄的图片笼统地视为一个没有穷尽的系列，可以对其施以各种操纵、游戏、修改、影像回放以及各种在"模拟"世界中无法想象的操作。这也是一切悬念的终结——图像与被拍摄场景同步，一种荒谬的混处（与此形成对比的则是图像在拍立得相纸上渐进式地缓慢呈现，那是多么奇妙的过程！）。数字照片所缺乏的正是这种显影时间。没有了这种时间，照片只是完全像素化过程中一个随时可变的环节，与视线、负片成像和距离不再有任何关系。新的世界观，亦即世界化背景下的世界观，是要令一切事物都服从于同一程序，令所有图像都顺从于同一"基因序列"（génome）。因此，将人类步入数字时代视为一种单纯的技术进步，一种更高的自动化等级，甚至图像的一种终极解放，都是错误的。

因为最令人无法容忍的，正是声称通过数字技术，打开通往不受任何来自真实世界之束缚制约的全真图像（image intégrale）之路。然而，若要将这种革命扩展至广义上的人类，令其从此凭借数字智能，生存于充分的个性之中而不受任何历史和主观限制的束缚，那么两者的相似之处是显而易见的。

当这一概括了全部人类智能且自此拥有完全自主权的机器完成其力量的攀升后，人的存在显然只能以自身的消亡为代价。他只有以自身在技术层面的消失和融入数码技术的秩序为代价才能获得永生。

"既织造蛛网同时又被蛛网所织造的完美蜘蛛，象征着一种有生命的散落。比此更好的，则是：我既不是落入蛛网的苍蝇，也不是织造蛛网的蜘蛛，我是蛛网本身，向各个方向辐射，既无任何中心也无任何与我本真相似之物。"

但这是永生（immortalité）的开放形式。事实上，对人类而言，选择早已做出，并通过人工智能的支配地位表现出来。

当这种系统性消失——与之相关的一切都让人觉得这种消失已经被全盘接受，但是其动力所在终究让人觉得神秘（数字羊梦见的是什么呢？迪克①）——发展到极限时，一些令人困惑的、带有悖论意味的问题便浮现出来：

---

① 鲍德里亚在此借用了美国科幻作家菲利普·迪克（Philip K. Dick, 1928—1982）最负盛名的小说《仿生人会梦见电子羊吗？》中的"电子羊"意象，并替换以更贴合本文论说范畴的"数字羊"。《仿生人会梦见电子羊吗？》集中探讨了何为真实以及个体身份建构的问题。无论是"电子羊"还是"数字羊"，都寓意着人工智能对人类世界的入侵，因此，鲍德里亚用"数字羊"的梦中所见譬喻由于人工智能的力量攀升所引发的"系统性消失"的动力所在。

——一切是否注定要消失？或者更准确地说，一切尚未消失吗？（这同"为什么是空无一物，而非有些什么？"这一源于一种从未存在之哲学①的十分久远的悖论如出一辙。）

——为什么并非一切都具有普适性？

——对一种完整的真实（réalité intégrale）的幻想和一种数字程序的开始与结束深深地吸引着我们。真实是一切话语的主旨和执念。但是，与真实相比，吸引我们的难道不更是真实那不可避免的消失吗？

——由此产生了一个真正深奥难解的问题：这种难以抗拒的全球性力量是如何得以对世界不做任何区分并摧毁其极端特殊性的？而世界又因何在面对完整的真实的这种毁灭行为和专横面目时变得不堪一击，甚至还被其所吸引——准确地说并非被真实所吸引，而是被真实的消失所吸引？以及随之而来的一个问题：这种全球性力量为何会在面对一些次要的、本身并无意义的事件（流氓事件[rogue events]、恐怖主义以及阿布·格莱布监狱虐囚图片

---

① 参见第61页注释②。鲍德里亚在此提出的问题同莱布尼兹的设问正好相反，因此，相较于历史上确实存在的莱布尼兹设问以及在背后支撑这一设问的哲学，鲍德里亚将与之背道而驰的设问归为一种从未存在过的哲学范畴。

等）时变得脆弱和不堪一击？

为了免于回答这些难以解决的问题，或许得借助于另一种人类革命，它与我们当下经历的数字"革命"恰好形成对比，我们从未涉足其间（甚至可以说前人也从未真正涉足其间，除了某些很快成为牺牲品的异端邪说①之外）。

二元性

二元性，无法违背的黄金准则。而且，不必回溯到人类的本源去寻找这一人类根基，它无处不在，不仅令上面提出的问题永久悬置，也让人类的行动（一切人类行动都以追求综合、全面，以及对一切反抗形式，一切不能或者不愿融入、调和的东西的刻意遗忘为基础）永远地遭遇挫败。

常态（normal）之人，从根本上说总是在对自身榜样（各种类型的榜样：行动榜样、社会项目或者虚构项目）的依赖（dépendance）或者反依赖（contre-dépendance）中生存，同时一直对这一榜样提出挑战。他在同一运动中既主动（motivé）又反动（contre-motivé）。我们无须借助心理

---

① 指基督教眼中的"异端邪说"。与宣扬"一元论"的基督教相比，所谓的"异端邪说"都曾提出过与下文即将探讨的"二元性"相关的问题。

学和精神分析抑或任何人文科学来对此做出解释——这些都是为了调和无法调和的对象而存在的。其结果是,人类一直都在同时为了自身榜样的成功和失败而做着必须做的事情。同样,这也无须归因为一种心理缺陷,或是一种心理反常,或是一种死亡冲动。人类是从自身的初始二元性(dualité primale)中获取这种对立能量的。这便是常态之人,所有力求令其与自身和解同时找到前文所提问题之答案的东西都属于迷信和欺骗①。

今天的反常态者(anormal)是那些完全生活在对自己身份或所作所为之单方面肯定中的人。他们屈服于这种状态,完全受其支配(完全常态化的存在)。这些通过去除所有二元性和难解性思考而归附于真实、归附于他们自身真实的人数不胜数。这种肯定性的凝聚(cristallisation positive),这种对真实——一定是真实的——世界之疑虑的消除,依然显得不可思议。这提出了关于恶的智能的全部问题。

我们被技术操纵简单化了。

进入数字操纵阶段后,这一简单化进程变得疯狂起来。

那么**恶**的腹语言说力(ventriloquacité)变成了什么呢?

---

① 所幸依据斯坦尼斯瓦夫·莱茨(Stanislaw Lec,1909—1966,波兰著名格言诗人——译注)的看法,我们可以信任人类的智商。有很多事物是其理解不了的。——原注

同昔日的激进性一样：当其离开已经与自身和解并且得益于数字技术而统一的个体时，当一切批判思想都消失不见时，激进性便物化了。**恶**的腹语言说力变成了技术本身。

因为二元性既无法消除也无法毁灭——它是游戏的规则，是一种确保事物具有可逆性的不可违背之协约的规则。

因此，如果人类本身的双面性离开了人类，那么角色将会颠倒：机器将会失灵，失控，变得邪恶，具有魔性，具有腹语言说能力。双面性就会轻松地滑向另一边。

如果主观的讽刺消失——在数字游戏中消失——那么讽刺就会变得客观，或者变得沉默不语。

太初有言，而后才有**沉默**。

终点本身已然消失……

2007 年 1 月

«Pourquoi tout n'a-til pas déjà disparu?» & «Carnaval et cannibale»
by Jean Baudrillard
© Editions de l'Herne, Paris 2008
Current Chinese translation rights arranged through
Agence Astier-Pecher Paris and
Divas International, Paris, 迪法国际版权代理
Simplified Chinese translation's copyright © 2017
by Nanjing University Press
all rights reserved

江苏省版权局著作权合同登记　图字：10-2015-004号

图书在版编目（CIP）数据

为何一切尚未消失？/（法）让·鲍德里亚著；张晓明，（法）薛法蓝译．—南京：南京大学出版社，2017.7（2024.11重印）

（当代激进思想家译丛/张一兵主编）

ISBN 978-7-305-18414-7

Ⅰ．①为… Ⅱ．①让… ②张… ③薛… Ⅲ．①现代哲学-法国 Ⅳ．①B565.59

中国版本图书馆 CIP 数据核字（2017）第073286号

出版发行	南京大学出版社	
社　　址	南京市汉口路22号　邮　编 210093	
丛　书　名	当代激进思想家译丛	
主　　编	张一兵	
书　　名	为何一切尚未消失？ WEIHE YIQIE SHANGWEI XIAOSHI？	
著　　者	［法］让·鲍德里亚	
译　　者	张晓明　Jean-François Petit de Chemellier（薛法蓝）	
责任编辑	陈蕴敏	
照　　排	南京紫藤制版印务中心	
印　　刷	南京爱德印刷有限公司	
开　　本	635 mm×965 mm　1/16开　印张 7　字数 62千	
版　　次	2017年7月第1版	
印　　次	2024年11月第7次印刷	
ISBN	978-7-305-18414-7	
定　　价	35.00元	

网　　址：http://www.njupco.com
官方微博：http://weibo.com/njupco
官方微信：njupress
销售咨询：（025）83594756

＊ 版权所有，侵权必究
＊ 凡购买南大版图书，如有印装质量问题，请与所购图书销售部门联系调换